이토록 다정한 클래식

김수연 지음

깨워주고
보듬어주는
—

이토록
다정한
클래식

가디언

* 일러두기
본문에 있는 QR코드를 스캔하시면, 저자가 고른 유튜브 영상으로 연결됩니다.
글을 읽으며 음악을 함께 감상해보세요.

클래식 입문서 《Fun한 클래식 이야기》, 클래식 음악 추천서 《그런 순간, 이런 클래식》, 청소년 도서 《이럴 땐 이런 음악》이 출간되고 이렇게 다시 글로 여러분을 뵙게 되었습니다.

감사하게도 《그런 순간, 이런 클래식》은 2022년 '세종도서 교양 부문'에 선정되는 등 정말 많은 분이 사랑해 주셨지요. 정말 감사합니다. 바이올린을 연주하는 음악가로 평생 살고 있는 제가 글을 쓰는 작가로서 이런 명예로움과 뿌듯함을 느낄 수 있어 너무나 행복했습니다.

다시 한번 아름다운 음악으로 여러분의 귀한 인생의 순간을 돕고 소중하게 만들어 드리고자 합니다.

공부와 업무 등 생활 속에서 집중력이 필요한 순간이나 기억력이 필요할 때가 있습니다. 그리고 평소보다 독창적인 생각과 행동력을 발휘해야 할 때도 있습니다. 그런 순간에 음악이 도움이 된다면 어떨까요?

치열한 경쟁사회를 살아가다 보면 자신감이 한없이 떨어지고 인생의 긴 여정 속에 나 홀로 남겨진 것 같기도 합니다. 그럴 때면 외로움과 우울감이 엄습하기도 하죠. 그럴 때 음악이 곁에서 든든하고 다정한 친구가 되어준다면요?

때로는 극심한 스트레스 속에서 긴장을 놓지 못하거나, 모든 것이 불확실한 삶 앞에서 불안에 떨기도 합니다. 그런 고통은 종종 불면증으로 이어져 편히 잠들지 못할 때도 있지요. 반복되는 수면장애는 건강에 적신호를 보내기도 합니다.

이처럼 몸과 마음이 지쳐가고 있을 때 음악이 '전부 괜찮아, 다 지나가는 하늘의 구름일 뿐이야'라고 위로와 평화로 마음속을 채워준다면, 우리 인생에 음악을 곁에 두지 않을 이유가 없을 것입니다.

음악은 시간이 한없이 지나도 우리 곁에서 변함없이 머무는 공기나 물, 바람, 구름, 나뭇잎 소리 등 마치 자연처럼 영원히 함께 있을 것입니다. 한결같이 내 편이 되어주는 음악으로 인생의 순간을 더욱 빛나게 해주세요.

첫 책《Fun한 클래식 이야기》를 시작으로 제가 쓴 글을 믿고 세상과 소통할 수 기회를 주시는 가디언 출판사 신민식 대표님과 출판사 가족 여러분께 감사드립니다.

그리고 언제나 음악처럼 변함없는 사랑과 따뜻한 응원을 가득 주는 가족에게 진심으로 고마운 마음을 전합니다.

김수연

차례

1 자존감,
인생의 주인공은
나이기에

우리는 행복을 추구하며 살아갑니다. 누구나 인생의 궁극적인 목적은 바로 '행복'이니까요.

그럼 우리는 어느 순간 가장 행복할까 생각해봤습니다. 제가 가장 행복한 순간은 바로 제 존재감을 느끼는 순간입니다. 저는 연주자로서 삶을 살아가고 있으니 바이올린 연주로 무대에서 관객에게 인정받고 저 또한 만족했을 때 가장 행복합니다.

많은 분이 연주자인 저는 자존감이 높을 거라 생각합니다. 그런데 사실 저는 어린 시절 자존감이 바닥이었던 아이였습니다.

초등학교 시절, 수업 중 앉은 순서대로 자리에서 일어나서 책을 읽을 때가 많았습니다. 저는 자신이 없어 다 기어가는 목소리로 덜

덜 떨며 책을 읽었습니다. 반에서 무엇을 나서서 절대 못 하는, 극도로 소심하고 자신감이 전혀 없는 학생이었습니다. 그것이 제 기억 속 어린 김수연의 모습입니다.

그러다 초등학교 4학년 때, 우연히 바이올린을 친구로 사귀게 되고 바이올린과 함께하면서 조금씩 제 목소리를 내며 자신감을 찾게 되었습니다.

이런 이야기를 하면 바이올린과 저는 운명이라고 하는 분이 많습니다. 저도 그렇게 믿고 있지요. 저를 바꾸어준 고마운 운명, 바이올린과 함께 성장하면서 자아를 찾았고 지금의 제가 되었으니까요.

'자존감'이란 스스로 소중하고 가치 있는 존재임을 느끼는 것입니다. 자존감이 높은 사람은 자신을 사랑할 줄 알고 다른 사람에게도 사랑을 베풀고 이해하며 배려하는 여유로움을 가지고 있습니다.

반대로 낮은 자존감을 가지고 있다면 행복은 잘 찾아오지 않습니다. 늘 비판적인 사고로 불만과 불안 그리고 피해의식과 열등감에 휩싸이게 될 테니까요.

그렇다면 자존감을 높이기 위해서 우리는 어떤 노력을 해야 할까요?

먼저 자신을 돌보아주어야 합니다. 내가 좋아하는 것이 무엇인지 찾아보는 것부터 시작해야 됩니다. 그리고 다른 사람과 자신을 비교하지 않고 온전히 자신의 모습을 마주해야 합니다.

자존감이 높으면 자기 능력 이상을 발휘할 수 있지만, 자존감이 낮다면 가진 능력의 절반도 펼치지 못할 때가 많습니다. 특히 낮은 자존감은 사회생활 속에서 많은 문제점을 만들어냅니다.

자존감은 자기애와도 깊은 관계가 있습니다. 자기를 진정 사랑할 줄 아는 사람만이 스스로의 존재를 소중히 여길 수 있으니까요.

자존감을 높이는 데 도움이 되는 것을 추천하는 자료를 보았습니다. 취미 만들기, 건강한 식습관, 규칙적인 운동, 자기계발을 위한 독서, 미소 짓기, 자신을 위하기, 음악 감상 등이 있었습니다.

저는 당연히 여러 방법 중 '음악 감상'이 먼저 눈에 들어왔습니다. 음악은 생각과 마음에 여유를 가져다주며 딱딱하게 굳어진 사고와 건조하게 메마른 감정을 부드럽게 해줍니다. 즉 정서순화에 영향을 미치죠. 음악은 그동안 잊어버린 감수성을 깨우는 촉촉한 단비와 같습니다. 그래서 정서적으로 편해지고 안정을 찾게 됩니다.

클래식 음악에는 작곡가 나름의 자존감이 그대로 드러나 있습니다. 작곡가들이 자신감을 표출한 음악은 우리에게 긍정적인 작용을 일으킵니다. 그리고 우리가 건강한 자존감을 형성하는 데 도움을 줄 테지요.

음악을 통하여 스스로를 아끼고 사랑하는 마음을 되새기며, 우리의 자존감을 되찾아봅시다.

나를 진심으로 사랑합니다

루트비히 판 베토벤: 가곡 '나는 당신을 사랑합니다'

L.v. Beethoven: Song 'Ich liebe dich'

나는 당신을 사랑합니다. 당신이 나를 사랑하듯이,

저녁에도 사랑하고 아침에도 사랑합니다.

(중략)

우리는 힘든 일도 쉽게 이겨낼 수 있죠.

당신은 슬픔에 잠긴 나를 위로해 주었고

(중략)

그대, 내 삶의 기쁨이여.

신께서 당신을 지켜주실 겁니다.

우리가 함께할 수 있도록 언제나 보호해주실 것입니다.

베토벤Ludwig van Beethoven, 1770~1827이 작곡한 가곡 〈나는 당신을 사랑합니다〉는 우리에게 매우 익숙한 멜로디입니다. 바로 가수 신승훈 씨의 〈보이지 않는 사랑〉이라는 발라드곡 앞부분에 샘플링되어 더욱 친근한 작품입니다.

〈나는 당신을 사랑합니다〉 가사와 선율은 매우 로맨틱하고 서정적인 느낌입니다. 작품에는 어디를 봐도 어둠의 그늘이나 절망감이 느껴지지 않습니다. 하지만 작곡가 베토벤의 인생, 그의 삶은 어떠했을까요?

베토벤은 한참 작곡가로서 활동하고 있던 중, 어려서부터 앓았던 귓병이 심해져서 청각을 아예 상실하고 맙니다. 암울한 삶 속에서 베토벤의 자존감은 바닥이었을 것입니다. 그리고 자신에게 닥친 불행에 한탄하며 한없이 비판적이었겠죠. 이렇게 힘들고 답답한 환경 속에서 살아가니 베토벤이 주변 사람을 살피거나 다른 사람을 배려하면서 편안하게 해주는 입장은 절대 아니었을 것입니다.

그런데 이 노래를 들으면 베토벤이 누군가를 사랑한 듯한 느낌이 듭니다. 독신으로 살았던 베토벤이 한때 사랑한 여인이었을까? 궁금증도 자아냅니다.

가사를 보면 '저녁에도, 아침에도 사랑합니다'라고 되어 있습니다. 하루 종일 사랑의 마음으로 가득했다는 것이죠. 베토벤이 힘들고 외로웠던 시기에 사랑하는 여인을 만났던 것은 아닐까 생각해봤습니다.

하지만 이 곡은 베토벤이 누군가를 사랑해서 만든 것이 아닙니다. 그러니까 남녀 간의 사랑을 노래한 곡이 아니라는 것입니다.

이 사랑의 주체는 바로 베토벤 자신이었습니다. 베토벤이 절망의 어둠 속에 있을 때, 자신의 운명을 포기하려 했을 때, 그는 생각합니다. '내가 나를 사랑해야 한다', '나를 사랑하기 때문에 이 슬픔의 운명을 이겨보겠다'라며 큰 결심을 합니다. 자신을 소중하게 여기고 사랑하는 마음이 고되고 힘든 어려움과 역경에 맞서 이겨내는 힘을 만들어 냈습니다.

음악가로서 청각을 상실하는, 사형 선고와 같은 삶 속에서 그는 아픔과 고통을 극복하며 세상 사람을 행복하게 하는 위대한 음악 유산을 탄생시켰습니다. 바로 베토벤의 '자존감'이 말입니다.

언제나 당신의 천사가 함께하길

주세페 베르디: 오페라 "일 트로바토레" 중
아리아 '고요한 밤이었지, 그런 사랑이 나에게 다가 온 거야'
G. Verdi: Opera "Il Trovatore", 'Tacea la notte placida, Di tale amor'

들어봐, 어느 날 달이 밝게 비추던 평화가 가득한 조용한 밤에 갑자기 어딘선가 류트 소리가 들려왔어. 그러고 나서 한 음유시인이 아름다운 노래를 부르기 시작했지. 그의 목소리는 신을 향하여 숭고한 기도를 드리더니 내 이름을 불렀어! 내 이름을! (중략)
그를 본 순간, 나는 천사만이 느낄 수 있는 그런 행복감을 느꼈어. 그런 내 눈에, 하늘은 갑자기 행복만 가득한 공간이 되었지.

가사를 읽기만 해도 마음이 사랑으로 가득 차오릅니다. 이 작품은 이탈리아 오페라 작곡가 베르디 Giuseppe Fortunino Francesco Verdi,

1813~1901가 남긴 오페라 〈일 트로바토레〉 속 1막에 나오는 여주인 공 레오노라의 아리아입니다.

오페라 제목인 '일 트로바토레Il trovatore'는 중세 프랑스의 음유시인 집단을 말하는데요, 음악, 문학뿐 아니라 정의롭게 싸움을 잘하는 기사를 지칭하기도 했다고 합니다.

〈일 트로바토레〉는 스페인의 시인 안토니오 가르시아 구테에레스Antonio García Gutiérrez가 쓴 희곡을 바탕으로 한 오페라입니다. 15세기 스페인 내전을 배경으로 한, 전체 4막으로 구성된 오페라로, 오페라 〈라 트라비아타〉, 〈리골레토〉와 더불어 대중적 인기를 얻은 베르디의 대표적인 비극 오페라입니다.

세 명의 주인공이 사랑의 삼각관계 속에서 벌이는 갈등, 복수, 의리를 담은 내용으로 그중 함께 감상하실 곡은 오페라 1막의 여주인공 레오노라가 사랑에 빠지는 장면을 로맨틱하게 음악으로 표현한 곡입니다.

남녀 간의 사랑 이야기를 담은 아리아인데 우리의 자존감과 무슨 상관인가 하실 수도 있습니다. 저는 노래 가사 속에서 그 이유를 찾았습니다. '조용하고 어두운 밤. 사랑으로 인해 천사 같은 행복감을 느꼈네.'

사랑은 다른 누군가로부터 찾고, 상대방이 해주길 기다리는 것이 아닙니다. 내가 먼저 나를 사랑해주어야 합니다. 그리고 나부터 스스로를 인정해줘야 합니다. 그래야 가사처럼 '진정한 행복'을 느낄 수가 있습니다.

저는 안 좋은 상황을 마주할 때 자주 자신감이 떨어집니다. 그리고 제 자신을 탓하는 습관이 있습니다. 그럴수록 상황이 나아지는 것이 아니라 자신감이 더욱 낮아지는 악순환을 거듭합니다. 자존감을 높이기 위해서는 자신을 먼저 용서하기도 하고, 잘했다고 칭찬해주기도 해야 하는데 말이죠. 진정한 사랑을 하지 못하고 있었습니다.

'하늘은 갑자기 행복만으로 가득했네'라는 아리아 속 가사처럼, 행복은 저 멀리 있는 것이 아닙니다. 자신을 소중히 사랑하며 아껴줄 때, 하늘에서 천사가 살포시 어깨에 내려와 언제나 함께할 것입니다. 자신을 온 마음을 다해 사랑해주세요.

웃어요, 활짝

프란츠 요제프 하이든: 장난감 교향곡

F.J. Haydn: Toy Symphony

앞서 자존감을 올리는 방법을 말할 때, '미소 짓기'도 있었다는 거 기억하시나요?

얼굴에 나타나는 표정 중 '미소'는 기분이 좋을 때, 즐겁고 행복할 때 짓게 되는 소리 없이 웃는 표정입니다. 음악은 아무 말없이 우리의 감정을 움직이며 웃고, 울고, 화나게 합니다.

음악을 통해 자존감을 올리는 방법 중 하나인 '미소'를 저절로 짓게 해드리려고 합니다. '미소 짓기' 추천곡은 고전주의 작곡가 하이든Franz Joseph Haydn, 1732~1809의 교향곡 〈장난감 교향곡〉입니다.

교향곡은 현악기, 관악기, 타악기 등 우리가 생각하는 클래식 악기가 한데 모여 연주하는 장르이지요. 근데 클래식 악기 사이에서 아이들이 가지고 노는 장난감이 등장해서 연주에 함께 참여한다면 어떨까요?

이 곡은 제목만 봐도 흥미롭고 기대감이 상승합니다. 관현악 악기 향연 속에 중간중간 등장하는 딸랑이 방울 소리, 장난감 북소리, 뻐꾸기 피리 소리, 어린이 나팔 소리 등 아이들이 가지고 노는 장난감의 귀엽고 독특한 음향이 듣는 사람의 귀에 쏙 꽂히며 저절로 입가에 미소를 머금게 합니다.

최근에 와서는 여러 자료를 수집한 결과 이 작품은 모차르트의 아버지인 레오폴드 모차르트 Johan Georg Leopold Mozart, 1719~1787 가 작곡한 일곱 개로 구성된 악장의 작품에서 작곡가 하이든의 동생이 세 개의 작품만 뽑아서 편곡한 작품이라고 밝혀졌습니다.

하이든의 동생이든, 모차르트의 아버지 레오폴드든 누가 작곡을 한 것은 별로 중요하지 않습니다. 이렇게 재미나고 신나는 작품을 만들어준 것이 그저 감사할 뿐입니다.

대체로 기악곡은 가사가 있는 성악곡보다는 관객이 이해하기 쉽지 않고 직접적으로 공감을 불러일으키기에 어려운 부분이 있습니다. 하지만 이 작품은 곡에 대한 정보나 이해가 없어도 감상 자체만으로 즐거움입니다. 톡톡 튀는 리듬의 율동감과 흐름이 얼굴에 미소를 한가득 안겨다 줍니다.

　자존감을 올리기 위해 '미소 짓기'를 하는 것이 좋다고요? 그럼 아무 의심 없이 이 곡을 들어보세요.

흔들리지 않는 자신감

주세페 베르디: 오페라 "리골레토" 중 아리아 '여자의 마음은 갈대'

G. Verdi: Opera "Rigoletto", Aria 'La donna è mobile'

19세기 이탈리아 오페라를 이끌었던 작곡가 주세페 베르디는 1842년에 발표한 오페라 〈나부코〉를 계기로 오페라 작곡가로서 확실한 입지를 갖게 되었습니다.

그 당시 오스트리아의 지배를 받고 있던 이탈리아 국민들은 나라의 자유와 주권회복을 열망하고 있었습니다. 오페라 〈나부코〉는 바빌로니아에 저항하는 유대인들의 이야기로, 애국심에 고취된 이탈리아인들은 베르디의 오페라 내용에 적극 공감했습니다.

오페라 〈나부코〉에 나오는 '히브리 노예들의 합창'은 이탈리아 사람들의 마음을 위로하며 용기를 주었고 이탈리아인들의 마음을 한데 모아 단결하게 해주었습니다. 이러한 이유로 지금까지도 이탈리아 공식적인 행사에 베르디의 '히브리 노예들의 합창'이 자주 사용되며 이탈리아를 상징하는 음악이 되었습니다.

이렇게 베르디는 이탈리아 국민들의 마음을 음악으로 대변하고 소통하며 국민 오페라 작곡가로 자리매김합니다. 얼마나 인기가 많았던지 베르디가 거주하는 집을 당시 이탈리아 사람 대다수가 알 정도였다고 합니다.

베르디는 작곡가로서만 활동한 것이 아니라 나중에 정치에도 입문하여 국회의원 활동까지 합니다. 베르디가 죽고 난 후 그의 장례식에는 20만 명의 군중이 몰려와 베르디의 마지막 가는 길을 슬퍼했다고 하죠.

그의 대표적인 오페라로는 〈나부코〉, 〈아이다〉, 〈일 트로바토레〉, 〈라 트라비아타〉, 〈리골레토〉, 〈운명의 힘〉, 〈아이다〉, 〈오텔로〉, 〈팔스타프〉 등이 있습니다. 그가 작곡한 많은 오페라 중 함께 감상할 곡은 오페라 〈리골레토〉 속에 등장하는 아리아입니다.

오페라 〈리골레토〉는 완성하는 데 한 달 조금 넘는 짧은 시간에 만들어졌습니다. 단기간에 작곡했지만 작품 완성도 측면에서 베르디는 자신이 있었고, 특히 오페라 속에 나오는 아리아 '여자의 마음은 갈대'라는 곡에 대한 기대가 컸습니다.

베르디는 이 작품을 작곡할 때 분명 엄청나게 히트를 칠 거라 예감했다고 합니다. 그래서 오페라가 초연되기 전 사람들에게 알려지는 것을 극도로 조심했다고 하죠. 첫 무대에 사람들을 깜짝 놀라게 해주고 싶었던 모양입니다. 그래서 심지어 이 노래를 불러야 하는 성악가에게도 초연 하루 전에 악보를 주었다고 하니까요. 최대한 이 곡을 비밀에 붙였던 것입니다.

베르디의 예상대로 초연 후 이 곡은 선풍적인 인기를 끌었고, 누구나 아는 곡이 될 정도로 유명해졌습니다. 우리나라에서도 전자제품 매장 '하이마트'에서 이 선율을 차용하여 만든 광고 음악으로 유명합니다. 아마 선율만 들으면 금방 알아채실 거예요. 세월이 지나 지구 반대편에 있는 곳에서까지 인기가 있을 정도이니 당시 베르디의 자신만만함은 인정할 만합니다.

오페라 〈리골레토〉는 이탈리아뿐 아니라 다른 나라에서도 인기를 얻어 그를 국제적인 작곡가로 자리매김하게 해주었습니다.

〈리골레토〉는 프랑스 작가 빅토르 위고 Victor-Marie Hugo 의 원작을 대본으로 하고 있습니다. 빅토르 위고 또한 〈리골레토〉를 보고 자신이 의도한 내용을 음표로 그대로 전달했다는 것에 감탄하며 칭송했다고 합니다. 작곡가 베르디의 자신감이 이러한 성공을 만들어낸 것이겠죠.

> 바람에 날리는 갈대와 같이
>
> 항상 변하는 여자의 마음.
>
> (중략)
>
> 바람에 날리는 갈대와 같이
>
> 여자의 마음은 변하지요, 변하지요.

이 작품이 얼마나 인기 있었는지 '여자의 마음은 갈대'라는 말이 이 아리아에서 시작되었다는 말까지 있을 정도라네요.

여자의 마음만 갈대인가요? 남녀 상관없이 모두의 마음이 자주 갈대가 됩니다. 수없이 많은 갈등과 변덕, 다른 사람과 스스로를 비교하며 자신 없어 하고 후회하며 갈대처럼 휘청거립니다.

여러분, 충만한 자신감으로 성공을 확신했던 베르디의 작품을 감상해봅시다. 나의 만족과 행복만을 바라보며 어디에도 흔들리지 맙시다.

조르주 비제: 오페라 "카르멘" 중 아리아 '투우사의 노래'
G.Bizet: Opera "Carmen", Aria 'Chanson du Toreador'

19세기 프랑스 작곡가 조르주 비제Georges Bizet, 1838~1875는 음악가인 부모님의 영향으로 어려서부터 음악 교육을 받아 음악적 재능을 일찍 발견하고 교육받으며 성장했습니다.

열 살이라는 어린 나이에 파리음악원에 조기 입학하고, 대표작으로 오페라 〈조개잡이〉, 〈아를르의 여인〉 등 많은 명곡을 남겼죠. 하지만 그의 대표작 하나만 뽑으라면 오페라 〈카르멘〉입니다.

이 작품은 프랑스보다 외국에서 먼저 인정을 받기 시작하여 세계적인 성공을 거둔 작품이지요. 하지만 비제는 안타깝게도 〈카르멘〉 대성공의 감격을 누리지 못했습니다. 왜냐면 오페라가 초연

되고 3개월 만에 비제는 세상을 떠났기 때문이죠. 작곡에 모든 열정을 쏟아부은 후 건강이 극도로 안 좋아졌다고 하네요.

오페라 〈카르멘〉은 4막으로 구성되어 있습니다. 오페라 속 주인공은 열정적인 집시 여인 '카르멘'이고 그녀의 사랑 이야기를 담았습니다. 스페인 세비야를 배경으로 하고 있어서 이국적인 느낌이 물씬 나는 작품이죠.

오페라 속 아리아가 많이 등장하지만, 그중 2막에 나오는 '투우사의 노래'를 감상하고자 합니다. 오페라 속 주인공, 세비야의 투우사 '에스카미요'가 부르는 아리아입니다. 그가 투우장에 나가기 전 자신의 승리를 외치며 강한 자신감을 담아 노래한 곡입니다.

당시 투우사는 오늘날의 연예인 같은 인기를 얻었다고 하죠. 오페라 속에서도 에스카미요의 등장에 사람들이 환호하고, 노래 후렴 부분이 되면 서로 박수를 치며 노래를 함께 부르는 장면이 연출됩니다.

아리아에는 에스카미요의 당당한 자신감이 그대로 담겨 있습니다.

가자 준비하라!

가자! 가자! 싸우는 동안 잊지마!

검은 눈이 너를 지켜보고 있고

사랑이 기다리고 있다는 것을!

투우사여, 사랑이, 사랑이 기다린다!

　　우리도 주인공 에스카미요처럼 각자 삶의 투우사가 아닐까요? 변화하는 삶 속에서 언제나 도전하고, 또 자신감을 가지고 매일 살아가야 하니까 말이죠. 저 또한 무대로 나가는 투우사입니다. 때론 무대 공포증이 엄습해와서 무대를 나가기 직전 갈등을 겪기도 합니다. '연주 못 한다고 하고 집에 갈까?, 갑자기 아프다고 할까?' 하며 자신감이 바닥으로 내려가 책임감 없는 안이한 생각을 할 때가 많습니다. 그럴 때마다 마음속으로 노래를 하고 주문을 겁니다. 그리고 마음을 단단히 잡지요.

　　'가자! 가자! 나를 기다리는 무대로!'

　　여러분도 인생의 자신만만한 투우사가 되시길 바랍니다.

꿈은 이루어진다

에드워드 엘가: 현을 위한 세레나데, 작품번호 20

E. Elgar: Serenade for Strings, Op.20

19~20세기 영국을 대표하는 작곡가는 바로 에드워드 엘가 Edward William Elgar, 1857~1934입니다

영국은 18~19세기 동안 독일, 오스트리아, 프랑스에 비해 클래식 작곡가를 많이 배출하지 못했습니다. 이런 영국인들의 안타까움 속에 작곡가 엘가의 등장은 더욱 반가웠고, 그는 큰 인기를 얻게 되었습니다.

엘가는 음악적 재능은 있었지만 부모님의 반대로 처음에는 법률가로 일했습니다. 하지만 그는 마음에 품은 음악 열정을 누르지 못했고, 포기하지 않았죠. 그리고 독학으로 음악 공부를 이어

갑니다.

그러한 노력 끝에, 엘가는 미국 예일대학교에서 음악 박사 학위를 받게 됩니다. 이때 엘가는 얼마나 뿌듯했을까요? 그렇게 자신이 원하던 삶을 마침내 이루게 되었으니까요.

엘가의 학위 취득과 음악적 성취감을 음악으로 표현한 곡이 바로 〈위풍당당 행진곡〉입니다. 이 곡은 엘가를 유명한 작곡가로 만든 계기가 됩니다. 본인 졸업식에 〈위풍당당 행진곡〉을 사용한 이후로, 이 곡은 학교 졸업식은 물론이고 각종 행사나 상을 수여하는 시상식에 단골 음악으로 쓰이고 있습니다.

그리고 매년 영국 런던에서 열리는 'BBC Proms' 음악 축제에 마지막 곡으로 항상 연주된다고 하죠. 저는 이 콘서트를 직접 관람하진 못했지만 영상으로 몇 번 보았는데요, 오케스트라 연주와 함께 음악 축제에 참여한 수많은 관객이 후렴구 'Land of Hope and Glory'를 같이 부르는 장면이 참 멋졌습니다.

법률가로 살았던 시간 탓에 엘가는 음악인으로 이름을 알리기까지 다른 작곡가보다 시간이 많이 걸렸습니다. 남들보다 뒤늦게 작곡가로 활동하게 되었지만, 그는 영국을 대표하며 성공한 삶을 살게 되죠. 무엇보다 혼자 힘으로 차곡차곡 쌓아온 노력은 그에게 엄청난 자신감을 주었을 거예요.

그가 작곡한 작품 중, 현악기를 위한 감각적이고 낭만적인 곡이 있습니다. 바로 〈현을 위한 세레나데〉입니다. 바이올린, 비올라, 첼로, 콘트라베이스 네 가지 악기로 구성된 곡으로, 나무로 된 울림통을 가진 현악기만 모여 만든 앙상블 작품입니다.

현악기의 울림을 통해 호소력 짙은 멜로디가 파도처럼 밀려와 로맨틱하며 밝고, 희망적이며 따뜻한 감성을 안겨주는 작품입니다. 작품의 전 악장을 들으면 현악기만으로도 벅찬 감동과 부족함 없이 꽉 찬 음향을 느낄 수 있습니다.

음악 안에서 자신만만한 엘가를 만납니다. 그가 만든 음악을 통해 너무나 아름다운 세상을 만나는 우리를 보며 뿌듯해하고 만족해하는 작곡가 엘가를 말이죠.

자존감을 올리는 방법으로 '음악 감상'뿐만 아니라 '좋은 명언이나 글귀를 되뇌이기'가 효과적이라고 합니다. 엘가의 작품을 감상하면서 그가 살았던 삶처럼 '자신감을 가지고 꿈을 이룬다'라고 되뇌어보세요. 분명 원하는 꿈으로 더 가까이 다가갈 수 있을 것입니다.

다시 일어서요

장 시벨리우스: 핀란디아, 작품번호 26

J. Sibelius: Finlandia, Op.26

장 시벨리우스 Jean Sibelius, 1865~1957 는 핀란드를 대표하는 작곡가입니다. 그는 핀란드의 영웅이라 불릴 만큼 핀란드의 민족성과 민속적 색채, 북유럽의 정취를 음악에 담아 광대하며 웅장한 작품을 만들었습니다.

시벨리우스가 활동하던 당시 핀란드는 러시아에게 주권을 빼앗겨 독립을 갈망하던 시기였습니다. 자유를 억압받던 핀란드 국민들의 마음에는 애국심과 불타는 투쟁이 가득했습니다. 그의 음악은 핀란드 국민들의 마음을 한곳에 모아 힘을 주고 용기를 북돋는 중요한 역할을 하게 되고, 핀란드 국민이라는 것에 자부심을 품게 했습니다.

어느 날, 시벨리우스는 핀란드 역사를 다루는 연극의 반주 음악을 작곡하게 됩니다. 이때 연극에서 사용되었던 음악을 따로 빼서 애국심을 담아 발표한 곡이 바로 〈핀란디아〉입니다.

이 작품이 초연되고 러시아에서는 민족주의 성향이 강하다 비판하며 공연을 못 하게 했다고 합니다. 일제강점기 때 탄압받던 우리 민족의 암울했던 상황과 비슷했습니다.

템포가 다른 세 개의 부분으로 되어 있어서 마치 악장이 따로 나누어져 있는 것처럼 보이지만 하나로 연결된 작품입니다.

금관악기의 힘찬 울림으로 시작하는 도입부는 핀란드 국민들이 얼마나 독립을 열망하는지 표현합니다. 곡의 선율에 가사를 붙여 '핀란디아 찬가'로 부르기도 한다네요.

아직도 망설이나,

핀란드여 일어나라,

찬란한 태양은 어둠을 뚫고 빛나는 법,

힘차게 눈을 부릅뜨고 새날을 맞이하세.

핀란드인이여 당당하게 걸어가자.

너의 과거는 자랑스럽게 기억되리니,

자랑스러운 아침이 오리라.

저는 한 번도 핀란드에 가보지 못했습니다. 하지만 시벨리우스의 음악을 들으면 북유럽 핀란드의 정취와 낭만이 느껴져 마치 가본 듯한 착각이 듭니다.

억압과 탄압 속에서도 절대 꺾이지 않았던 나라에 대한 자존감과 자부심! 시벨리우스의 작품을 들으면서 무너진 자존감을 다시 일으켜 세워보세요. 당당하게!

2 집중력,
생각과 마음을
한곳에 두어요

우리가 어떤 일을 할 때, 다른 생각에 방해받지 않는 것을 '집중한다'라고 합니다. 집중을 해야만 학업이나 업무뿐만 아니라 성취하고자 하는 꿈과 목표에 다다르고, 좋은 결과를 만들어낼 수 있습니다.

저는 바이올린 연주자로서 살아가고 있습니다. 이 직업은 '집중력'을 최고로 필요로 합니다. 그렇기에 연주 무대에서 집중력이 좋았을 때와 아닌 경우의 차이를 저는 아주 확연하게 경험하고 있습니다.

예를 들어, 무대에 오르기 전, 개인적인 일로 생각할 것이 많거나 누군가와 어떠한 문제로 인해 감정이 부딪치기라도 하면 생각과 마음이 어지럽습니다. 그러면 온전히 음악에만 내 정신을 쏟는 것이 힘들기도 합니다.

그날 연주하는 콘서트장의 분위기에도 영향을 많이 받습니다. 겨울이라 공연장이 너무 춥거나 또는 여름에 에어컨이 강하게 작동되거나 하는 경우가 그렇습니다. 그리고 제 연주 소리가 공연장 상태에 따라 너무 건조하거나 혹은 너무 울릴 때에도 집중에 방해를 받습니다. 또 공연장 피아노가 조율이 안 되어 있다면 피아노와 함께 연주할 때 음정 조율에 신경쓰느라 연주에 몰입하기가 힘듭니다. 이외에도 관객들의 대화 소리, 재채기 소리, 전화벨 소리, 카톡 알림 소리 등 수많은 방해 요소가 있지요.

무대에서 오로지 '음악'만 생각한다는 것은 정말 힘든 일입니다. 다른 연주자도 마찬가지일 것입니다. 물론 각자 나름대로 생각하는 방해 요소가 있을 테지요. 저는 연주하는 곡이 어렵거나 쉽거나 하는 연주곡 수준과 몇 번이나 연주를 해봤는가 하는 연주 경험 유무에 집중력을 방해받진 않습니다. 오히려 연주와 상관없는 주변 환경이 저를 힘들게 합니다. 그래서 바이올린 전문 연주자 경력 25년 차에도 불구하고 수많은 잡념을 뒤로한 채 온전히 음악에 몰입하기 위해 끊임없이 노력하며 애쓰고 있습니다.

하지만 이러한 힘든 상황을 이겨내고 최대한 집중하여 연주를 마쳤을 때, 그 무엇과도 비교할 수 없는 만족감이 느껴집니다. 저는 어떤 때는 하루도 쉬지 않고, 날마다 연주 스케줄이 있기도 합니다. 그렇기에 매일, 최대로 집중하며 연주하기는 사실 불가능합니다.

그렇지만 안간힘을 쓰며 잡념을 버리려고 합니다. 제가 온 마음을 다해 집중하여 연주를 하면 그날 공연장을 찾아주신 관객에게도 그 마음이 전해집니다. 저의 온전한 몰입감이 최선의 연주를 만들고, 저의 진정성이 관객분들의 마음에 닿습니다.

여러분도 살다 보면 집중력이 필요한 순간이 있으시죠? 집중력을 끌어올리기 위해 각자 시도하는 여러 방법이 있을 것입니다. 집 밖으로 나가 카페에서 책을 읽거나 공부를 하면 집중이 잘된다는 분도 있고, 아니면 모두 잠드는 조용한 밤중이나 새벽에 일해야 몰입이 잘된다는 분도 있습니다.

사람이 많은 카페에 가야 집중이 잘된다고 하는 것은 카페 소음은 넓은 주파수 범위에서 거의 일정한 스펙트럼을 가지고 있어서 귀에 쉽게 적응되기 때문에 오히려 거슬리는 소음을 덮어준다는 '백색소음'의 효과를 보는 경우입니다.

그리고 적막한 밤중이나 새벽을 집중이 잘되는 시간대로 택하신 이유는 번잡한 낮을 지나 밤이 되면 차분히 정신을 가다듬고 복잡한 생각을 비울 수 있기 때문이기도 할 텐데요. 이 두 가지 좋은 점을 한데 모아 놓은 것이 바로 '클래식 음악 감상'입니다.

귀를 방해하지 않는 주파수 음역대의 작품을 선택하여 감상하고, 새벽 같은 적막함과 편안함을 느낄 수 있다면, 클래식 음악은 최고의 선택일 것입니다.

그러면 우리 이제 집중해볼까요?

잔잔한 선율 안에서 고요함을

게오르크 필리프 텔레만: 플루트 협주곡 사장조
G.P. Telemann: Flute Concerto in G Major

여러분, 텔레만이란 작곡가를 들어보셨나요?

텔레만Georg Philipp Telemann, 1681~1767은 우리에게 친숙한 음악의 아버지 바흐, 음악의 어머니 헨델, 그리고 〈사계〉로 잘 알려진 작곡가 비발디와 같은 시기에 활동했던 독일 출신의 작곡가입니다.

심지어 그는 당시 바흐보다 더 유명했던 작곡가였다고 하죠. 그리고 작곡가 헨델과는 아주 친하게 지내며 서로의 작품을 공연 때 함께 무대에 올리거나 상대방 작품의 주제를 사용하여 자신의 작품에 넣기도 했다고 합니다.

텔레만은 1720년부터 40년이 넘는 1767년까지 독일 함부르크의 가장 유명하고 큰 교회의 음악감독으로 활동하면서 실력을 인정받았던 인물입니다. 어린 시절 음악의 기초를 배우긴 했지만 전문적인 교육을 받지 않고 혼자 힘으로 공부하면서 스스로 성장하며 자신만의 음악을 완성해간 작곡가입니다. 그리고 많은 곳을 여행하면서 자신이 태어난 독일뿐만 아니라 여러 나라의 다양한 음악 스타일을 경험했습니다. 그리고 경험한 모든 것을 조화시켜 자신만의 독창적인 예술 세계를 펼쳤죠.

그의 작품의 수는 3천 개가 넘어, 가장 많은 수의 작품을 작곡한 작곡가로 기네스북에 기록되어 있습니다. 게다가 특별히 가리는 장르 없이, 무한한 작품 세계를 펼쳤습니다.

얼마나 텔레만이 음악 창작에만 집중했던 걸까요? 자나 깨나 텔레만의 머릿속에는 떠오르는 악상뿐이었을 것 같습니다. 하지만 안타깝게도 사후에는 작곡가 바흐에게 밀려 그의 이름이 잠시 잊혔습니다. 하지만 20세기에 들어오며 사람들은 텔레만이 남긴 음악적 다양성을 연구하기 시작했고, 현재에도 텔레만 음악에 대한 관심은 계속되고 있습니다.

풍부한 음색과 화성 그리고 물 흐르듯 흐르는 선율이 텔레만 특유의 음악 색채라 할 수 있습니다. 게다가 그의 음악은 복잡하지 않고 간결합니다.

저는 학창시절 시험 기간이 되면 새벽까지 공부할 때가 많았습니다. 아무래도 바이올린 실기와 공부를 병행하다 보니 중간고사나 기말고사 때 벼락치기로 몰아서 공부를 하는 편이었어요. 그래서 밤을 꼬박 새울 때도 많았습니다. 그럴 때면 줄곧 저는 텔레만의 음악을 들었습니다.

감상하려는 음악이 너무 감미롭거나 낭만적 감정이 풍부하다면 혹은 곡의 템포가 아주 빠르고 박진감이 넘친다면 공부하기에 집중하기는 힘들겠죠? 또는 연주자가 현란한 테크닉을 구사하는 곡을 감상한다면 점점 귀가 음악으로 다가갈 것입니다. 그러다 보면 음악이 집중을 방해하게 될 테지요. 하지만 작곡가 텔레만의 음악은 대부분 선율과 박자가 복잡하지 않고 무난하고 간략합니다. 절대 음악으로 방해하지 않습니다.

한때 19세기 평론가에게 텔레만 음악이 비판받은 적이 있었죠. 그 이유 중 하나가 '평평하고 단조로운 음악'이라는 것이었습니다. 텔레만의 음악이 그의 업적보다 과소평가받고 후세에 이름이 덜 알려진 이유가 바로 이러한 평가 때문이었습니다. 그런데 아이러니한 것은 '무난하고 단조롭다'라는 이유가 오히려 그의 음악을 들으면 집중에 방해받지 않은 채 공부에만 몰두할 수 있게 해줍니다.

텔레만은 음악 역사상 가장 많은 작품을 남겼습니다. 그래서 어떤 곡을 선택해야 하나 고민할 필요도 없습니다. 3천 곡이나 준비되어 있으니 그냥 편하게, 천천히 감상해보세요.

저는 플루트과 오케스트라를 위해 만든 〈플루트 협주곡 사장조〉를 추천하려고 합니다.

텔레만은 합창곡, 오페라, 칸타타 등 성악곡도 많이 작곡했지만 관현악곡이나 실내악 작품도 많이 남겼습니다. 기악곡으로는 리코더, 오보에, 플루트, 바이올린, 비올라 다 감바Viola Da Gamba, 15세기부터 연주되던 비올(Viol) 족 악기로 연주자의 무릎에 올려 놓거나 무릎 사에에 끼고 연주하는 저음역을 담당하는 현악기, 18세기 말 역사 속으로 사라짐를 위한 협주곡Concerto을 작곡했는데 이들은 모두 솔로 악기나 현악기, 통주저음 악기저음을 연주하는 악기로, 주로 챔발로(Cembalo) 사용를 위한 작품입니다.

〈플루트 협주곡 사장조〉는 위와 같은 구성으로, 관악기 중에서 높은 음역을 연주하는 플루트의 음색이 머리를 맑고 청명하게 해줍니다. 음색이 명쾌하고 밝아서 몸과 마음이 모두 가벼워지고 기분이 좋아집니다.

경쾌하고 희망에 찬 플루트 연주와 규칙적으로 움직이는 현악기와 챔발로의 앙상블이 머릿속에 가득한 번잡한 생각을 사라지게 하고, 집중할 수 있게 합니다.

1악장 안단테Andante(조금 느리게) – 2악장 알레그로 몰토Allegro Molto(매우 빠르게) – 3악장 아다지오 Adagio(느리게) – 4악장 알레그로 Allegro(빠르게)로 구성되어 있습니다. 전 악장을 다 들어도 총 연주 시간이 10분 남짓이라 무한 반복해서 들어도 좋습니다. 산만하고 분산된 생각이 가볍게 정리되면서 지금 몰입하는 일에 더욱 집중할 수 있게 도와줄 것입니다.

음악이 이끄는 신비한 몰입

프랑수아 쿠프랭: 건반을 위한 론도 '신비의 바리케이트'

F. Couperin: Les Barricades Mystérieuses

작곡가 쿠프랭François Couperin, 1668~1733은 17~18세기 바로크Baroque 시대에 프랑스에서 활동했던 건반악기 연주자이자 음악 이론가입니다. 그의 작품은 건반악기 음악사에서 중요한 위치를 차지하고 있지요.

당시 이탈리아에는 〈사계〉의 작곡가이자 바이올린 연주자였던 안토니오 비발디가 활약하고 있었습니다.

비발디와 쿠프랭은 동시대에 활동하며, 각자 나라의 자랑이었습니다. 이탈리아에 바이올리니스트 비발디가 있으면, 프랑스에는 클라브생Clavecin 연주자 쿠프랭이 있다고 할 만큼 그는 유명세를 떨치던 음악가였습니다. 참고로 클라브생은 '하프시코드 Harpsichord'의 프랑스어 이름으로 독일어로는 '챔발로'라고 부르는 건반악기입니다. 비발디와 쿠프랭은 악기는 서로 다르지만 실력으로 쌍벽을 이루었던 거죠.

연주자로 유명했던 쿠프랭은 작곡 작업도 활발하게 했습니다. 그의 작품은 서정적이며 우아하고 고풍스러운 느낌이 특징으로, 프랑스의 섬세하고 감각적인 음악 분위기가 느껴집니다. 특히 음악 선율이 복잡하지 않고, 형식과 구조가 단순하며 간결함이 매력적이고 감동석으로 다가옵니다.

그의 작품 중 건반을 위한 론도 〈신비의 바리케이트〉를 추천합니다. 이 곡은 '론도 Rondo'라는 작곡 형식으로 되어 있는데 론도는 프랑스어로 '돈다'라는 뜻을 가지고 있습니다. 작곡가가 정해놓은 하나의 주제가 계속 반복해서 연주되는데 주제와는 다른 느낌의 삽입부를 반복되는 주제 선율 사이마다 끼워 놓습니다. 이렇게 연주하는 음악 형식이 론도입니다.

작곡가 쿠프랭은 이러한 론도 형식을 선택해서, 간단한 세 개의 삽입구 속에 작품의 주선율인 멜로디를 여러 번 반복합니다. A-B-A-C-A-D-A 구조로, A는 주제이고 B, C, D는 삽입부입니다.

아주 심플하게 작곡되어서 건반악기 공부를 시작한 지 얼마 안 된

초보자도 금방 익혀서 연주할 수 있는 곡으로 알려져 있습니다. 음과 음 사이의 건반이 멀리 떨어져 있지도 않아 연주자가 건반을 껑충거리며 도약하지 않아도 됩니다. 음역대의 간격이 크지 않고 평이하죠. 이렇게 안정된 음역대 안에서 동일한 주제가 금방 반복되며 되풀이 됩니다.

이 곡을 듣고 있으면 마치 백색소음 같습니다. 음악의 볼륨을 크게 해도 청취자의 귀를 거슬리게 하는 주파수는 전혀 없습니다. 오히려 음악이 주변의 소음 또한 덮어줍니다.

오늘 혹시 공부나 독서, 업무 작업을 위해 카페에 가실 건가요? 그렇다면 한번 이 곡을 감상해보세요. 카페에 온 듯 '신비한' 집중력이 생겨 일의 능률을 쑥쑥 올려 줄 것입니다.

영혼을 끌어모아요

게오르크 프리드리히 헨델: 오라토리오 '메시아' 작품번호 56

G.F. Handel: Oratorio 'Messiah', HWV 56

앞서 추천한 두 곡은 음악감상을 통한 집중력 향상에 도움이 되는 곡이었습니다. 이번에 함께 듣고 싶은 곡은 작곡가의 대단한 집중력으로 위기에 처한 인생을 구하고, 스스로를 이전보다 더 성공하고 유명하게 만든 작품입니다.

17세기 후반 독일에서 태어났으나 나중에 영국으로 귀화하여 현재 영국을 대표하는 클래식 작곡가, 바로 게오르크 프리드리히 헨델 George Frideric Handel, 1685~1759입니다.

몇백 년이 지난 지금도 사람들에게 잘 알려진 작곡가이지만 헨델은 활동할 당시에도 유명했습니다. 앞서 만난 독일의 작곡가 텔레만과 같은 시대에 살며 서로 유명한 작곡가로 음악적 교류도 활발히 했다고 알려져 있습니다. 그리고 서로를 응원하며 우정을 나누는 친구였죠. 하지만 텔레만은 살면서 누렸던 명성이 오랜 시간이 지나며 잊혔고 그의 이름은 사람들의 기억 속에서 사라집니다. 하지만 과거, 현재, 미래를 통틀어 가장 유명한 작곡가인 헨델은 달랐죠. 헨델은 영국으로 이주하여 왕립 오페라단도 설립하면서 사업가로도 승승장구합니다.

헨델은 작곡가로서의 음악적 명성뿐만 아니라 돈도 많이 벌어 부와 명성을 다 가진 사람이 되었습니다. 누구에게나 부러움의 대상으로 추앙받는 작곡가였습니다. 하지만 어떤 인생도 늘 행복하고 순탄한 길만 가게 되는 것은 아닌가 봅니다.

뭐든 성공하는 승승장구 헨델에게도 시련이 찾아오지요. 시대적 흐름과 유행, 분위기를 타고 영국 사람들이 좋아하는 음악도 달라집니다. 미처 그 유행 흐름을 타지 못했던 헨델은 자신의 오페라 작품이 점점 인기가 없어지고, 작곡해서 발표하는 곡마다 실패의 고배를 마시게 됩니다. 그러다 보니 헨델이 운영하는 오페라단도 경제적으로 힘들어집니다. 결국 헨델은 파산선고를 받습니다.

늘 하는 일마다 잘되었던 헨델의 절망은 엄청났을 것입니다. 심적인 괴로움과 고민은 그의 건강까지 해쳤고, 헨델은 결국 중풍으로 쓰러져 반신불수가 되는 지경에 이릅니다.

헨델의 고통이 얼마나 컸을까요? 아마 '이것이 내 인생의 끝이구나' 생각했을지도 모르겠습니다. 하지만 엄청난 좌절 속에서 헨델은 자신의 음악을 위해 최고의 집중력을 발휘합니다. 아마도 인생의 마지막 작품일지도 모른다는 생각을 했을 것입니다. 이런 집중력은 작품을 완성하는 데 불과 24일밖에 걸리지 않도록 했습니다. 그렇게 완성한 곡이 바로 그의 인생 최고의 작품 〈메시아〉입니다.

이렇게 어마어마한 대작을 24일 만에 완성했다니? 정말 놀라지 않을 수가 없습니다. 이 작품은 헨델의 인생을 통틀어 가장 성공한 작품으로 평가받고 있습니다.

'영혼을 불어넣는다'라는 말이 있죠? 사실 저는 한 번도 이러한 지경에 다다르지 못하여 어떤 상태인지 모르겠습니다. 오로지 집중하는 일에 빠져 아무것도 안 보이는 상태일까요? 이 정도로만 짐작할 뿐입니다.

헨델의 〈메시아〉는 그리스도의 탄생과 삶 그리고 수난을 담은 총 연주 시간이 2시간이 넘는 대작입니다. 전 세계 어디서나 한 해를 마무리하는 12월이 되면 많은 공연장에서 단골로 연주되는 작품이기도 하지요. 아마 여러분도 작품 〈메시아〉 속에 나오는 '할렐루야' 멜로디만 들으셔도 '아, 이 곡!' 하실 겁니다.

〈메시아〉를 처음 공연할 때 영국 국왕이 관객석에 앉아 관람하다가 '할렐루야' 이 부분에서 너무 감명받은 나머지 벌떡 자리에서 일어났다고 하죠. 국왕이 일어나니 관객 모두가 따라서 기립했다고 합니다. 그 후로 '할레루야' 연주 부분에서는 관객들이 전부 기립하는 전통이 지금까지도 이어오고 있습니다. 음악을 향한 헨델의 진정성과 온전한 집중이 만든 결과입니다.

이 작품이 발표되고 헨델은 이전보다 더 유명해졌고 지금까지도 칭송받는 작곡가가 되었습니다. 성공한 후에 '메시아가 자신의 좌절과 절망의 인생에 오셔 구원받았다'라고 헨델이 말했다고 하네요.

음악에 대한 헨델의 집중력이 매우 존경스러울 따름입니다. 언제쯤 저는 헨델 같은 몰입감으로 연주를 하게 될까요? 자신의 영혼을 한곳에 몰아넣은 헨델의 〈메시아〉를 감상하면 어지러운 생각과 혼란한 마음이 정리되지 않을까 바라봅니다.

새벽의 정적, 그리고 음악

가브리엘 포레: 죽은 왕녀를 위한 파반느, 작품번호 50

G. Fauré: Pavane, Op.50

서울예술고등학교를 다니던 고등학생 시절, 저는 늦게 바이올린 전공을 결정한 탓에 고생을 많이 했습니다. 어려서부터 바이올린을 공부한 친구들에 비해 뒤늦게 시작한 만큼 더 많은 연습이 필요했습니다. 오랜 시간을 들여 연습해야 겨우 친구들의 실력을 비슷하게라도 따라갈 수 있었습니다. 게다가 학업과 실기를 병행해야 해서 하루 24시간이 모자랐습니다. 그래서 아주 빈틈없이 계획을 세워 알차게 시간을 써야만 했지요.

방학이 되면 등교를 안 하니까 시간 여유가 조금 있었지만 학교생활을 할 때는 결국 잠을 줄여가며 공부와 연습을 해야 했습니다. 그때는 하루에 잠을 4시간 정도 자면 많이 잔 날이라 했을 정도였어요. 시간이 한참 지난 지금, 당시를 생각하면 아찔합니다.

많은 분이 훈훈한 고등학교 시절의 추억을 떠올리며 그 시절로 돌아가고 싶다고 하던데, 저는 절대 아닙니다. 잠을 못 자서 늘 피로한 나날과 실력 향상을 위해 어렵게 연습하고 애썼던 시간 때문인지 고개가 절레절레 흔들어집니다.

시간을 나누어 쓰다 보니 바이올린 연습은 주로 아침에, 등교하기 전 새벽 시간을 이용해야 했습니다. 침대에서 겨우겨우 일어나 떠지지도 않는 무거운 눈꺼풀을 올리며 2시간 정도 연습하고 학교에 갔습니다. 매일 같이 새벽 4시에 기상했는데 정말 어려운 일이었습니다. 자신과의 싸움이었죠. '적은 내안에 있다'라는 말이 어렸을 때부터 공감이 갔던 매일이었습니다.

연습을 시작해야 하는데 잠에 흠뻑 취한 날이 허다하니 그때마다 무슨 연습을 집중해서 제대로 할 수 있었겠어요? 우선 찬물에 세수부터 하고 연습을 하기 전 긴 호흡을 하며 들었던 음악이 있었습니다. 그중 한 곡이 프랑스 작곡가 가브리엘 포레 Gabriel Urbain Fauré, 1845~1924의 〈죽은 왕녀를 위한 파반느〉였어요. 이 곡은 16세기 르네상스 시대 귀족들이 즐겨 듣던 느리고 우아한 춤곡으로, 서정적이며 잔잔한 멜로디의 작품입니다.

저는 이 곡을 들으면 고되고 힘든 새벽, 음악으로 위로받던 학생 시절이 생각납니다. 짧은 시간이나마 음악을 들으며 차분하게 생각과 마음을 정리하는 시간이었죠. 그러고는 오늘 새벽에는 어떠한 방법으로 어떤 곡을 집중적으로 연습 할 것인지 노트에 적으며 계획하고는 했습니다.

잠깐이지만, 집중을 위한 이러한 시간이 없었다면 아마 쏟아지는 잠을 견딜 수 없어서 연습하며 계속 졸았을 거예요. 혹은 연습에 집중하지 못한 채 아까운 새벽 시간만 허비했을 것입니다.

그 시간을 돌이켜보면 힘들고, 참으로 고단했지만 새벽의 연습 시간은 연주자 인생에 엄청난 힘이 되었습니다. 그리고 알게 모르게 저의 자신감이 되어주었지요. 고등학교 시절 매일 찾아오는 새벽 연습 시간. 주체할 수 없이 계속 감기는 무거운 눈꺼풀을 끌어 올리고, 어마어마한 잠의 유혹을 뿌리치며 온전히 나에게 몰입할 수 있었던 시간. 그 시간이 지금은 종종 그리워지기도 합니다.

여러분도 무언가를 하기 전, 가브리엘 포레의 〈죽은 왕녀를 위한 파반느〉를 듣고 일을 시작해보시길 바랍니다.

마음을 다잡고 다시 한번

조르주 비제: 오케스트라 모음곡 '아를르의 여인'

G. Bizet: L'Arlésienne Suite for Orchestra

클래식 작곡가들은 저마다 주옥 같은 작품을 탄생시키기 위해 엄청난 집중력을 발휘했을 테지요. 그중에서도 작곡을 시작하면 먹는 것도, 자는 것도 잊어버린 채 오로지 일에만 몰두하기로 유명했던 작곡가가 있습니다. 바로 19세기 프랑스 작곡가 조르주 비제입니다.

비제는 음악가인 부모님의 영향으로 어려서부터 체계적인 음악 공부를 받으며 일찍이 음악에 두각을 나타냈지요. 아들의 음악적 재능을 알아본 어머니는 아이가 밥을 먹는 시간과 옷을 입는 시간까지 아껴가며 피아노 연습을 시킵니다. 피아노에 앉혀 연습을 시키면서 옆에서 밥을 떠먹여 주었다고 하죠.

이처럼 어린 시절의 유별난 스파르타식 교육 탓인지 비제는 성인이 되어 극심한 완벽주의에 시달렸다고 합니다. 비제의 뛰어난 음악적 능력에도 불구하고 그가 남긴 작품 수가 다른 작곡가에 비해 많지 않은 점도 이 사실을 뒷받침합니다. 또한 완벽주의 성격으로 인해 작곡 작업을 마치고 나서 본인 마음에 들지 않으면 바로 악보를 불태워 없애버렸다고 하네요.

이런 이야기를 들으니 그가 안쓰럽다는 생각이 듭니다. 그런데 도대체 얼마만큼 음악, 작곡 작업만 생각해야 식음과 잠을 포기할 수 있는 걸까요? 저는 잠은 좀 줄이며 연습할 수 있을 것 같긴 한데 식음은 절대 포기 못 하겠습니다. 먹는 것을 좋아하고 먹방투어가 취미인 저로서는 놀랍기만 하네요. 음악을 대하는 비제의 모습을 보면서 '나는 과연 어느 정도로 음악에 온 정신을 쏟으며 살고 있는가' 되돌아보게 됩니다.

비제는 프랑스 작가 알퐁스 도데 Alphonse Daudet 의 희곡 〈아를르의 여인〉을 위해 성악과 기악이 어우러진 27곡의 극음악을 작곡합니다. 그중에서 비제가 관현악을 위한 편성으로 편곡하여 모음곡 1번과 2번으로 따로 출판을 합니다. 사실 극음악으로 발표했을 때는 사람들에게 그리 인기가 없었지만, 모음곡으로 발표한 후에는 달랐죠. 그리고 이 모음곡은 지금까지도 연주되는 비제의 대표적인 작품이 되었습니다.

모음곡 1번은 '전주곡 – 미뉴에트 – 아다지에토 – 종 Carillon' 구성으로, 모음곡 2번은 '전원곡 – 간주곡 – 미뉴에트 – 화랑돌 Farandole'이란 제목으로 구성되어 있습니다.

대중적으로 모음곡 2번의 '미뉴에트'가 많이 알려져 있습니다, 하지만 '미뉴에트'만 감상하지 마시고 모음곡 1, 2번 전곡을 다 감상해보세요. 길이가 긴 작품이지만 전혀 지루하지 않습니다. 곡의 흐름에 맞추어 선율을 따라가다 보면 음악에 점점 빠져드는, 몰입감 최고의 작품입니다.

비제가 음악을 대하는 마음이 전해진 것일까요? 온 정신을 쏟으며 작곡에만 전념한 비제의 모습이 음악과 함께 오버랩됩니다. 저 역시 마음을 다잡아 일에 더욱 집중해야겠다 다짐합니다.

빈틈없이 꼼꼼하게

요한 세바스찬 바흐: 브란덴부르크 협주곡 3번, 작품번호 1048
J.S. Bach: Brandenburg Concerto No.3, BWV 1048

콘체르토Concerto는 라틴어 콘체르타레Concertare에서 유래한 말입니다. '서로 경쟁하다'라는 의미로, 음악사의 흐름에 따라 콘체르토의 의미는 다르게 변했습니다.

콘체르토, 즉 협주곡 양식은 바흐Johann Sebastian Bach, 1685~1750가 활동하던 시기인 바로크 시대에 처음으로 음악에 사용되었습니다. 바로크 시대에는 합주협주곡의 형태로 솔로 악기군과 합주 악기군, 그러니까 군과 군이 서로 대립하며 연주했죠. 본래 어원의 의미대로 경쟁하는 구도로 연주되었습니다.

그러다가 고전주의, 낭만주의를 거치면서 오케스트라합주와 솔로 악기 한 개 또는 두 개가 함께 하며 대립의 의미가 줄어들게 됩니다. 합주 악기들이 독주 악기를 반주하기도 하고 서로 어우러지며 조화를 이루는 연주 형태가 되었습니다.

바흐는 여섯 개의 합주협주곡을 발표하는데요, 바로 〈브란덴부르크 협주곡〉입니다. 이 작품은 브란덴부르크의 크리스티안 루트비히 후작을 위해 작곡한 곡으로, 독주 악기군과 합주 악기군이 서로 어우러지며 밝고 경쾌한 느낌으로 조화를 이루는 작품입니다. 바흐의 〈브란덴부르크 협주곡〉 여섯 개는 바로크 시대를 대표하는 합주협주곡이라 해도 과언이 아닙니다.

그중 〈브란덴부르크 협주곡 3번〉을 감상하고자 합니다. 이 작품은 세 개의 악장으로 구성되어 있습니다. 규칙적인 리듬 변화와 템포의 전개가 지속적으로 반복되면서 음악에 더욱 집중할 수 있도록 합니다. 그리고 활기차고 희망적인 선율 진행이 지루한 느낌이 들 틈을 주지 않습니다.

1악장은 빠른 알레그로Allegro 템포로 활기 가득한 멜로디입니다. 독주 악기군과 합주 악기군이 서로 연주를 주고받으며 조직적으로 빈틈없이 움직입니다. 마치 줄과 열을 정확히 맞추며 행진하는 군대의 모습이 연상될 정도이지요.

아다지오Adagio의 느린 템포인 2악장은 1악장의 느낌과는 대조적으로 차분하며 감미로운 선율의 악장입니다. 그리고 이어서 3악장은 1악장과 같은 빠른 템포로 연주됩니다. 각 악기군이 서로 대립하면서 기교적으로 완성을 이루어가는 경쟁이 오히려 흥겨움과 친근함으로 다가오는 악장입니다.

전 악장을 모두 감상하고 나면, 독주군과 합주군이 빈틈없이 합을 이루며 전체를 완성해가는 느낌 때문인지 음악이 설계가 아주 잘된 단단한 건축물처럼 느껴집니다.

각각의 악기가 박자 안에서 규칙적으로, 집중력을 가지고 선율을 반복합니다. 그리고 모든 연주가 모여 하나의 거대한 음악이 되었습니다.

지금, 하는 일이 있으신가요? 바흐의 〈브란덴부르크 협주곡 3번〉과 함께라면 빈틈없는 집중력을 발휘하실 수 있을 거예요.

한 가지 일에 온 마음을 다해

프란츠 요제프 하이든: 현악 사중주 '종달새' 작품번호 64-5

J. Haydn: String Quartet, "The Lark" Op.64 No.5

하이든은 오스트리아의 대표적인 작곡가입니다. 그가 헝가리의 명문가인 에스테르하지Esterházy 가문 궁정에서 음악을 담당하며 악장으로 근무한 시절은 그의 음악 인생에서 가장 중요한 시기입니다.

하이든은 에스테르하지에서 무려 30년 가까이 일하면서 음악 창작에 몰입하며 많은 작품을 세상에 내놓습니다. 그의 작품은 클래식 음악 발전에 많은 영향을 주었는데요, 그중 현악 사중주 작품을 빼놓을 수가 없습니다.

하이든은 '현악 사중주의 아버지'라고도 불립니다. 현악 사중주를 무려 68개나 작곡했기 때문이죠.

현악 사중주는 두 대의 바이올린, 비올라, 첼로 연주자가 함께 하는 실내악의 대표적인 연주 형태입니다. 큰 규모의 공연장이 아닌 작은 규모의 공간에서 쉽게 연주할 수 있어서 17세기와 18세기를 거치며 더욱 자리를 잡게 되었습니다.

하이든의 경우 궁정의 귀족들을 위해 작은 공연장이나 거실에서 매일 음악회를 개최해야 했습니다. 그렇기에 현악 사중주를 작곡한 그의 선택은 탁월했습니다.

현악 사중주는 하이든의 머릿속에서 새롭게 떠오르는 음악적 영감을 모두 담아내며 자신의 음악 역량을 온전히 발휘할 수 있는 편성이었습니다. 그리고 때에 따라 연주자들을 추가할 수 있는 유동성도 있어서 현악 사중주 장르는 작곡가 하이든뿐 아니라 다른 많은 작곡가에게도 인기 있는 장르였습니다.

하이든이 작곡한 68개의 현악 사중주 중 가장 대중적인 작품 하나를 꼽으라면, 바로 53번 '종달새'라는 부제가 붙어 있는 작품입니다. 하이든도 이 곡을 작곡하고 난 후 스스로 만족스럽다고 했다 합니다.

하이든과 친분이 있는 사람이라면 그를 '친절하다', '마음이 따뜻하다'라고 평가했다고 하죠. 그리고 그를 잘 따랐다고 합니다. 하이든의 친밀감 있는 성격이 잘 담긴 작품이 바로 현악 사중주

53번 〈종달새〉입니다.

이 곡은 모두 네 개의 악장으로 구성되어 있습니다. 1악장^{Allegro} Moderato(조금 빠르게)의 시작 부분에 등장하는 제1바이올린의 연주 멜로디는 '종달새'라는 별명을 가지고 있습니다. 그야말로 종달새의 사랑스러운 지저귐이 귓가에 울려 퍼지는 듯한 기분 좋은 선율이 진행되죠.

이어서 감미롭고 처연한 느낌의 서정적인 2악장^{Adagio Cantabile(느리게 노래하듯이)}, 하이든의 친절한 성격과 따뜻한 미소가 연상되는 3악장^{Menuetto Allegretto(조금 빠르고 우아하게)}, 마지막으로 빠른 템포로 네 개의 악기가 생동감 있게 합을 이루는 4악장^{Vivace(활기차게)}으로 구성되어 있습니다.

이 작품을 통해 오스트리아에서 활동하던 하이든이 영국과 독일에도 널리 이름을 알렸다고 하니, 당시 다른 나라 사람들까지도 이 곡을 참 좋아했던 모양입니다. 특히 '연주자와 감상하는 사람 모두를 만족시키는 곡'이라는 평가까지 받았다고 하는데, 이 정도의 평가면 작곡가가 받을 수 있는 최대의 찬사라고 해도 과언이 아닐 것입니다.

30년 동안 에스테르하지 궁전에서 일하면서 하이든은 오로지 음악에만 몰두했습니다. 그 집중의 시간은 작곡가, 연주자, 관객 모두의 마음을 행복하게 해주는 결과물을 만들어 냈습니다. 그리고 지금도 그 행복은 이어집니다.

3 기억력,
꼭 기억해야 하는
순간이 있나요?

우리는 살아가며 다양한 경험을 쌓고 희노애락의 감정 변화를 느낍니다. 그리고 여러 매체를 통해 다방면의 정보를 얻습니다.

이렇게 우리의 삶 속에서 일어나는 광범위한 체험은 뇌에 차곡차곡 저장되는데요, 간직한 일을 뇌에서 다시 떠올리는 것을 '기억'이라고 합니다. 기억은 곧 자신이 살아온 흔적입니다. 자아의 한 부분이기도 하죠.

요즘 제 주변을 돌아보면 중요한 일을 놓치거나 과거 일이 잘 생각나지 않는다며 기억력이 감소한 것 같다고 이야기하는 분이 많습니다. 저는 음악을 전공하는 사람으로, 기억력을 중요시하며 살아야 하는 직업입니다. 연주하는 곡을 암보^{暗譜}하며 연주해야 하거든요. 그렇기에 항상 음표들을 기억하면서 살아야 합니다.

많은 음악가가 악보 외우는 일의 어려움을 토로합니다. 사실 저도 그러하죠. 어렸던 학창시절을 지나 나이가 든 요즘, 확실히 기억력이 많이 떨어졌고 그로 인해 악보를 암기하는 일도 점점 어려워지고 있습니다. 어쩔 수 없이 받아들여야 하는 자연스러운 현상입니다.

물론 기억을 위한 능력이 나이를 따라가는 것은 아닙니다. 제가 가르치는 어린 학생들도 악보 암기를 힘들어하는 것을 보면 말이죠.

요즘 사회는 여러가지 동시에 신경 써야 할 일이 많습니다. 저 또한 바이올린 연주뿐 아니라 콘서트를 기획하고, 강연자로 강의 프로그램을 준비하고, 학생들에게 바이올린도 가르쳐야 하죠. 그리고 여러 곳에 클래식 칼럼과 글도 써야 합니다. 일뿐만 아니라 가정에서 하는 집안일도 빼놓을 수 없습니다.

현대인은 1인 다역을 소화하면서 살아가야 합니다. 그러다 보니 종종 꼭 기억해야 하는 것을 놓치거나 망각하기도 합니다.

우리 뇌가 기억을 저장하는 공간이 어느 정도 될까요? 사람의 기억력은 한계가 있는 걸까요? 우선 저는 그렇다고 가정하고, 중요한 것들은 되도록 문자로 남겨놓으려고 합니다. 그리고 기억이

나지 않는 상황이 생기면 그와 연관된 다른 기억을 떠올리며 연결하려고 노력합니다. 요즘 하는 이런 노력이 저에게 큰 도움이 되고 있습니다.

복잡하고 급변하는 현대사회를 사는 사람들은 기억력 향상을 위해 많은 노력을 기울입니다. 뇌 건강을 위해 영양제를 복용하기도 하고, 기억력을 좋게 하기 위한 다양한 학습 프로그램에 참여하기도 하죠.

그렇다면 여러분, 클래식 음악 감상이 기억력에 도움이 된다는 이야기 들어보셨나요? 정말 그러한지, 만약 그렇다면 무슨 이유인지 저와 함께 확인해 보실까요?

반복 또 반복

모리스 라벨: 볼레로, 작품번호 81

M. Ravel: Boléro, M.81

자신이 경험했던 정보와 생각, 감정을 잘 간직하기 위해서는 반복적으로 떠올리는 것이 중요합니다.

클래식 작곡가들은 작품 속에서 자신이 표현하고자 하는 주제 테마를 청중에게 잘 전달할 수 있도록 여러 방법을 동원합니다.

아무리 연주시간이 길고 음악 진행과 악기 편성이 복잡해도, 심지어 연주자가 아주 많다고 하더라도 무엇보다 작곡가의 의도가 담긴 '주제'가 잘 전달되어야 합니다. 그래야 청중이 연주회가 끝나고 나가면서 주제의 선율을 마음 속에 간직할 수 있겠죠.

작곡가들은 메인 주제 전달을 위해 다양한 작곡 방법으로 창작을 하지만, 그중 가장 간단한 방법 하나는 '반복Repeat'입니다.

작곡가가 들려주고 싶은 주제 멜로디를 한 번 연주하여 관객에게 들려주고, 드라마틱하고 폭 넓은 음악적 전개로 곡을 확장해서 발전시키다가, 사람들 머릿속에 주제 멜로디가 잊힐 때쯤 되면 다시 주제로 돌아가는 방법입니다. 관객들의 기억력을 돕기 위한 '반복' 사용은 작곡가들도 피해갈 수 없는 선택이었습니다.

19세기 프랑스 근대음악을 대표하는 작곡가 모리스 라벨Joseph Maurice Ravel, 1857~1937은 완벽한 '반복' 방법을 사용하여 전 세계 사람들에게 지금까지 기억되는 명곡 하나를 남깁니다. 심지어 곡이 시작하자마자 한 마디 리듬만 들어도 '아, 이 곡!' 하고 떠오르게 하니까요. 기억력을 최고로 발휘하게 하는 대단한 작품이 아닐 수 없습니다. 게다가 주요 선율인 멜로디도 아니고 리듬, 박자만 가지고도 기억되는 곡이니까요.

1928년에 작곡된 작품의 제목 〈볼레로〉는 스페인에서 유래된 춤곡입니다. 타악기의 일종인 캐스터네츠 반주에 춤을 추는 '볼레로Bolero'에서 영감을 받아 작곡했습니다. 이러한 영향으로 곡은 스페인의 느낌이 물씬 나는 이국적인 분위기의 작품입니다.

라벨은 단 한 개의 리듬과 두 개의 주제만을 사용하여 작곡했습니다. 곡의 시작부터 끝까지 무려 169번이나 계속해서 반복하는 형식을 취하고 있지요. 라벨은 왜 이렇게 대놓고 '반복'이란 방법을 사용했을까요? 천재적 재능이 넘쳐 흐르는 작곡가 라벨이 머릿속에 떠오르는 아이디어가 없어서 그런 것은 절대 아닙니다. 라벨은 의도하는 바가 분명히 있었죠.

이 작품은 단순한 반복 구조이지만 음악을 끝까지 듣고 나면 '단순하다'라는 생각은 전혀 할 수가 없습니다. 마치 크고 복잡한 긴 터널을 통과한 기분이 듭니다. 게다가 지루한 감정도 전혀 느낄 수 없습니다. 아주 간단한 리듬과 멜로디를 다양한 관현악 악기가 통일감 있게 연주하고, 각자 다른 음색과 음량이 더해지며 불꽃처럼 화려하고 진한 강렬함이 느껴집니다. 이 작품을 모두 듣고 나면 '역시, 천재 작곡가 라벨!'이란 말이 저절로 나올 정도니까요.

단순한 반복만을 사용하여 최대 만족의 극치까지 도달하게 한 작곡가의 능력에 실로 감탄이 나옵니다. 그리고 청중도 곡 전체 중 시작 부분 한 마디만 들어도 됩니다. 왜냐면 라벨이 그의 작품을 머릿속에 오래도록 기억할 수 있게 장치를 해놓았잖아요.

왠지 라벨의 〈볼레로〉를 감상하고 있으면 그동안 기억하지 못해 애썼던 일들이 떠오를 것만 같습니다. 그리고 간직해야 하는 소중한 것들이 오래도록 머릿속에 남아 있을 것 같네요.

절대 잊고 싶지 않아요

리하르트 바그너: 서곡 '탄호이저'
R. Wagner: Overture to 'Tannhäuser'

'Litmotive'라는 음악 용어가 있습니다. '유도동기'라고 부르는 이 기법은 오페라 또는 뮤지컬 같은 무대용 음악이나 드라마나 영화 속 배경음악에서도 볼 수 있습니다.

극 중 주인공의 캐릭터와 줄거리에 음악을 접목해서 인물과 상황에 해당하는 특정한 멜로디를 만들고 이를 반복하는 음악을 말합니다. 흔히 캐릭터 송 Character Song이라고도 하죠.

독일의 작곡가이자 극작가인 바그너 Wilhelm Richard Wagner, 1813~1883는 이를 '예감동기'라고 지칭하기도 했다는데요, 특정한 인물과 장면을 상징하는 음악의 선율과 화성 진행은 극을 관람하는 관객의 기억을 일깨웁니다. 음악만 들어도 극에서 어떤 인물이 등장할지 무슨 상황이 펼쳐질지 예상하게 하는 작곡 기법이죠. 현대 영화나 드라마에서 '테마음악'이라 부르는 음악이 바로 바그너의 '유도동기'에 영향을 받았습니다.

작곡가 바그너는 13세기 시인 탄호이저^{Tannhäuser}의 이야기를 3막의 오페라로 만듭니다. 바그너의 대표적인 오페라인 〈탄호이저〉는 음악 안에서 유도동기 작곡법을 처음으로 시도합니다. 그리고 이를 자신의 창작 기법으로 발전시킵니다.

오페라 막이 오르기 전 울려 퍼지는 서곡은 독립 악장으로 분리되어 오페라 공연뿐 아니라 콘서트장에서 연주되고 있습니다. 서곡은 3부 형식으로 작곡되었는데, 1부에서 메인 테마가 나옵니다. 오페라 속 '순례자들의 합창' 선율이죠. 이 주제 선율은 관악기와 현악기를 오고가며 정적으로 연주됩니다. 이어서 긴장감 있는 2부의 힘찬 선율이 이어지고 다시 3부에서는 1부에서 나왔던 메인 테마가 등장하죠.

마치 세 부분이 하나로 연결되어 있는 듯한 느낌입니다. 바그너는 이런 작곡 기법을 '순환 기법'이라고 했다는데, 악장 간에 주제 멜로디가 재현되는 기법으로 작품의 통일성을 형성합니다.

이 음악처럼 우리가 흩어져 희미한 기억들을 다시 떠올리려고 할 때, 특정한 기억마다 음악 연결고리가 있다면 얼마나 좋을까요? 어떤 음악을 들으면 기억의 파편들이 서로 연결되어 떠오른다면 말이에요.

작곡가가 의도한 작품 속 주요 멜로디를 절대 잊지 않게, 또는 잠시 잊었다 하더라도 금방 일깨워주는 작곡 기법을 창조한 바그너의 작품을 들어봅시다. 우리의 모자라고 부족한 기억력이 잠에서 깨어나길 기대하면서 말이에요.

또는 바그너가 만들어놓은 작곡 기법인 '유도동기'처럼 기억하고 싶은 순간을 아름다운 유악과 함께 간직해보세요. 음악만 감상해도 소중한 추억이 비눗방울이 되어 방울방울 떠오를 테니까요.

외우고 또 외우고

프란츠 페터 슈베르트: 바이올린 소나타 '론도' 작품번호 895

F.P. Schubert: Violin sonata 'Rondo', D.895

연주자로 성장하기 위해서는 필요한 조건이 있습니다. 음을 정확히 인지하는 청각, 음의 길이를 잘 계산하는 리듬감과 박자감, 음악에 자신의 색깔을 입히는 감수성과 예술적 감각, 꾸준히 연습하는 인내심 등이 필요하죠. 그리고 여러 외적인 뒷받침 또한 빼놓을 수 없습니다.

이렇게 많은 조건을 충족하기도 힘든데 또 빼놓을 수 없이 중요한 필요조건이 있습니다. 바로 '암기력'입니다.

음악을 전공하기 위해서는 보통 어려서부터 음악 학교에 들어가기 위해 입시를 봅니다. 입시에 통과하여 학교에 입학하면 전문 교육을 받으며 실력 향상을 위한 경연 대회에 참가합니다.

학교 입시나 오디션을 보기 위해서는 기관에서 정한 지정곡을 연주해야 하는데요, 그때 악보를 모두 암기하여 연주해야 합니다.

저는 지금까지도 악보를 암기하는 일이 어렵습니다. 무대에서 연주 직전까지 악보 속 음표들을 머릿속으로 확인 또 확인합니다. 연주자에게 '암기'는 평생 가져가야 할 숙제인 것 같네요.

작곡가들이 바이올린을 위해 남긴 작품 중에서도 외우기 까다로운 곡이 많습니다. 그래서 이런 곡을 외우는 저만의 암기법이 있습니다. 물론 곡을 완전히 내 것으로 익혀야 외울 수 있기 때문에 시간을 들여 연습을 많이 하는 것은 기본입니다.

저는 곡을 어느 정도 연습한 후에는 악보의 음표를 한 부분씩 스냅사진 찍듯 머릿속에 찍어 둡니다. 바이올린을 연주하지 않아도 악보를 생각하면 음표가 바로 눈앞에 떠오르게 말이에요. 물론 이렇게까지 해도 잘 외워지지 않는 곡도 많습니다. 그러면 이 과정을 계속 반복하지요.

제가 음표를 기억하기 위해 힘들여 노력을 기울였던 작품 중 하나가 오스트리아 작곡가 슈베르트 Franz Peter Schubert, 1797~1828 의 바이올린 소나타 〈론도〉라는 작품입니다. 이 곡은 제목만 들어도 힘들었던 연습 과정이 머릿속을 스쳐 갑니다.

슈베르트는 노래를 위한 가곡 장르에 감각이 뛰어나 많은 작품을 작곡했습니다. 물론 가곡 못지않게 악기를 위한 작품도 다수 작업했는데요, 슈베르트만의 서정성이 잘 담겨 있습니다.

피아노 독주를 위한 곡뿐 아니라 바이올린과 피아노를 위한 소나타, 현악 사중주, 현악 오중주, 피아노 삼중주 등 실내악 작품에서도 그는 수준 높은 예술성을 발휘했습니다. 그중 바이올린 소나타 〈론도〉는 중요 주제가 계속해서 반복되는 음악입니다. 주제에서 살짝 벗어나 새로운 악상들이 연주되다가 메인 선율이 다시 나오는 구조이지요.

그런데 이 주제 사이에 등장하는 새로운 악상의 진행 구조가 음정과 박자 등 기본적인 음악 요소는 물론 음정을 잡기 위한 손가락 운지부터 활 쓰기 등 바이올린 테크닉 부분까지, 예술적으로도 복잡한 구조로 되어 있어서 이 곡을 외울 때 엄청 힘들었습니다.

한번은 암기가 잘되었다 자신만만할 정도로 연습을 했는데 막상 무대에 올라가서 연주하다가 중간에 기억이 전혀 안나 엉뚱한 음표를 연주하기도 했죠.

연주자에게 '기억력'은 뇌로 하는 능력이기도 하지만 연주 시 필요한 근육의 기억도 포함됩니다. 사실 따로 생각할 수 없는 일이에요. 머릿속에서 떠오르는 기억으로만 바이올린 현을 잡는 것이 아니라 해당 음을 운지하는 손가락이 바로 반응을 해줘야 하기 때문이죠.

이렇게 힘들었던 우여곡절을 여러 번 거친 끝에, 결국 이 작품은 꽤 만족스럽게 연주할 수 있었습니다. 저의 노력이 헛되지 않아 뿌듯했던 경험이 있는 작품이죠.

힘든 연습 경험 탓인지 슈베르트의 바이올린 소나타 〈론도〉는 저에게 뇌 속 기억의 방에 아주 오랜 기간 머물 듯합니다. 시간이 많이 흐른대도 잘 떠나지 않을 것 같습니다.

훗날 제 기억이 희미할 때쯤 이 곡을 다시 연주해보려고 합니다. 기억력 회복을 위한 처방으로 말입니다.

어둠 속에서 영원한 기억으로

요한 세바스찬 바흐: 여섯 개의 무반주 첼로 모음곡, 작품번호 1007-1012

J.S. Bach: Six Suites for Solo Cello, BWV 1007–1012

우리가 음악을 감상하며 얻는 감정과 정서는 뇌의 기억력 향상에 큰 도움이 된다고 합니다.

음악을 구성하는 기본 요소 중 하나가 박자와 리듬입니다. 17세기 유럽 바로크 시대 음악은 이 박자와 리듬이 매우 안정적이고 편안한 느낌입니다. 실제로 사람이 안정을 취할 때 1분간 측정한 맥박 수와 비슷하다고 하지요. 그래서 바로크 시대 음악을 들으면 마음이 차분하게 가라앉습니다.

누군가는 바로크 시대 곡을 '힐링 음악'이라고 말하기도 합니다. 안정되고 편안한 상태를 만들어주기에 특히 암기를 위한 학습을 해야 한다면 바로크 시대 음악은 탁월한 선택입니다.

바로크 작곡가 바흐가 만든 〈여섯 개의 무반주 첼로 모음곡〉이 있습니다. 다른 악기 반주의 도움 없이 첼로 연주자 홀로 연주하는 곡으로 현재 첼로 연주자라면 반드시 연주해야 하는 필수 레퍼토리 중 하나입니다.

그런데 이 곡에 재미난 에피소드가 있습니다. 지금은 첼로 연주자뿐 아니라 클래식 애호가 사이에서도 널리 사랑받는 곡이지만 바흐가 죽고 나서 이 곡의 존재는 사라졌습니다. 아무도 이 곡을 기억하지 않았습니다. 무려 200년 동안이나 완전히 잊힌 채 있었지요.

200년이 지난 1889년, 19세기 거장 첼로 연주자 중 한 명인 파블로 카잘스Pablo Casals, 1876~1973에 의해 이 작품은 세상의 빛을 다시 보게 됩니다. 어느 날, 카잘스는 스페인 바르셀로나에 있는 옛 서적을 파는 서점에 방문합니다. 책을 구경하다가 먼지 더미에 묻혀 있는 악보 뭉텅이를 발견하게 되죠. 영원히 기억되지 못할 뻔했던 바흐의 작품이 카잘스에 의해 발견되던 순간이었습니다.

몇백 년이 지나 다시 연주된 이 곡은 현재 바흐의 최고 명곡 중 하나로 여겨집니다. 만약 카잘스가 악보를 발견하지 않았다면, 바흐는 하늘나라에서 너무 억울했을 것입니다. 자신의 작품이 완전히 잊히고 그 누구도 기억하지 못했을 테니까요.

〈여섯 개의 무반주 첼로 모음곡〉은 바로크 춤곡을 모은 형태로 작곡되었습니다. '프렐루드 Prelude – 알레망드 Allemande – 쿠랑트 Courante – 사라방드 Sarabande – 미뉴에트 Minuette – 부레 Bouree – 가보트 Gavotte – 지그 Gigue'로 되어 있습니다. 모두 일관성을 가지고 서로 유기적으로 구성되어 전체적으로 통일감을 주는 형식입니다.

저는 여섯 곡 중에서 한 곡만 뽑기가 힘듭니다. 여러분도 시간을 들여 천천히 전곡을 감상하는 것을 추천합니다. 바흐의 뛰어난 예술적 감각이 돋보이는 작품이고, 첼로의 낮은 음역 연주가 감정을 더욱 풍부하게 만들어줍니다.

그리고 현재 많은 첼로 연주자가 자신만의 독창적인 음악 해석으로 연주하며 음반 작업도 활발히 이루어지고 있습니다. 그래서 이 작품은 무궁무진한 가능성과 기대를 담고 있습니다.

〈여섯 개의 무반주 첼로 모음곡〉은 오랫동안 사람들의 머릿속에서 싹 잊혔던 작품입니다. 만약 중요한 무언가가 우리의 머리와 마음속에 잠시 사라져 있었더라도 바흐의 작품을 감상하고 나면 다시 반짝 살아날 것 같지 않나요? 한번 기대감을 가지고 감상해보세요.

요한 세바스찬 바흐: 무반주 바이올린을 위한 소나타 3번, 작품번호 1005

J.S. Bach: Sonata for Solo Violin No.3, BWV 1005

앞서 바흐의 무반주 첼로 모음곡을 추천했는데요, 바흐가 쾨텐 Köthen의 궁정악장으로 음악 활동을 하던 같은 시기1717~1720에 작곡한 무반주 바이올린 곡도 감상 목록으로 빼놓을 수가 없습니다.

이 작품 역시 모두 바이올린 독주곡으로, 무반주 바이올린 음악 중에서 최고라고 평가받는 작품입니다. 게다가 바흐의 예술적 혼과 깊이를 충분히 엿볼 수 있는 곡이지요.

바흐는 무반주 바이올린을 위한 작품도 여섯 개를 썼습니다. 무반주 첼로곡이나 바이올린곡의 숫자를 통일성 있게 맞추어 놓은 것 또한 바흐의 계획인 듯합니다. 그래야 쉽게 작품의 수를 기억할 수 있으니까요.

여섯 개의 무반주 바이올린 곡은 17세기 후반에 주로 연주되었던 느림-빠름-느림-빠름 악장으로 구성된 교회 소타나 Sonata형식의 곡 세 개와 첼로 모음곡처럼 춤곡을 모아서 만든 세 개의 파르티타 Partita 로 구성되어 있습니다.

이 중에서 함께 감상하려고 하는 곡은 〈무반주 바이올린을 위한 소나타 3번〉입니다. 이 작품은 무반주 소나타 중에서 가장 규모가 큰 작품이며 네 개의 악장으로 구성되어 있습니다.

1악장은 느린 아다지오 Adagio 템포로 전반적으로 연속적인 부점 리듬의 반복 패턴으로 음악의 흐름을 이어가는데요, 단선율로 연주하다가 중음주법 두 개 이상의 음을 동시에 연주 으로 음역대를 확장하면서 풍부한 음향을 만들어갑니다. 그리고 마지막 부분에서 도입부의 단선율 진행으로 돌아오는 형식을 취하고 있습니다.

그리고 이어지는 2악장은 바이올린 연주자라면 이 곡을 연주하면서 '암기'하는 것에 집중하려고 노력을 많이 했을 겁니다. 일단 곡의 길이가 길고 푸가 Fuga 형식으로 되어 있습니다. 주제가 성부에서 화성적으로 변화하며 계속 반복되고 발전하는 구조이지요. 그러니 다양한 변화를 거듭하며 진행하는 음형을 완벽히 외워서 연주하기 힘든 곡입니다. 좋은 연주를 위해서는 많은 연습 시간이 필요합니다.

　3악장은 느린 템포의 짧은 악장으로, 간결한 서정성이 돋보입니다. 마지막 4악장은 몇 부분의 짧은 주제가 계속 반복되며 빠르게 연주됩니다. 전체적으로 긴 길이의 작품이지만 규칙적인 반복으로 인해 간결함이 느껴지며 완벽한 통일감을 이룬 작품입니다.

　세월이 지나도 잊히지 않는 것이 있습니다. 그중 클래식 음악을 빼놓을 수 없죠. 몇백 년의 시간이 흘렀는데도 지금까지 우리의 삶에 영향을 주고 있으니까요. 그리고 앞으로도 계속 이어질 위대한 유산입니다. 비흐의 음악이 여러분에게 좋은 기억으로 남아 오랫동안 함께 하길 바랍니다.

잘 기억할 수 있는 방법이 있다면

루트비히 판 베토벤: 피아노 소나타 1번, 1악장, 작품번호 2-1

L.v. Beethoven: Piano Sonata No.1, 1st Movement, Op.2-1

작곡가 베토벤에 의해 확립된 음악 형식이 있습니다. 바로 소나타 형식Sonata Form입니다. 많은 분이 악곡 '소나타'와 헷갈려 하시는데, 소나타는 '연주하다, 울리다'라는 뜻의 이탈리아어 'sonare'에서 유래한 말로 사람의 목소리가 아닌 악기를 사용하여 연주하는 악곡을 말합니다. 소나타 형식은 작곡의 한 방법으로, 베토벤이 완성한 후 베토벤 이후의 작곡가들의 기악곡교향곡, 협주곡 등에서 반드시 선택되었습니다.

소나타 형식은 첫 번째 제시부Exposition, 두 번째 발전부Development, 세 번째 재현부Recapitulation로 구성되어 있습니다. 먼저 제시부는 두 개의 주제가 제시되는데, 작곡가가 전달하고 싶은 가장 중요한 메세지를 담은 메인 선율입니다.

이어지는 발전부는 제시부에서 연주된 두 개의 주제가 발전합니다. 화성이나 리듬 부분에 변화를 주거나, 두 주제의 캐릭터를 완전히 탈바꿈하여 새로움을 부여하기도 합니다. 마지막 재현부는 제시부의 주요 주제가 다시 연주되며 관객이 작곡가가 의도한 메세지를 명확하게 기억할 수 있도록 연주로 확인시켜 줍니다.

베토벤의 기악곡은 대부분 소나타 형식으로 작곡되어 있으며, 그의 〈피아노 소나타 1번〉 1악장에서도 확인할 수 있습니다. 베토벤이 이 곡을 작곡한 후 선배 작곡가인 하이든에게 헌정까지 했다 하니 곡에 대한 자신감이 어느 정도였는지 짐작이 갑니다.

베토벤이 남긴 소나타 형식은 작곡가가 자신의 의도를 관객의 머릿속에 오랫동안 남기기 위한 방법으로 완벽했습니다. 베토벤뿐 아니라 다른 위대한 창작자들도 모두 사용했다는 소나타 형식! 베토벤의 곡 감상하시면서 각자 기억력을 올려줄 좋은 방법이 무엇이 있을지 생각해보면 어떨까요?

소중한 기억의 보물창고 속으로

세자르 프랑크: 바이올린 소나타 가장조
C. Franck: Sonata for Violin and Piano in A major

이 작품은 19세기 프랑스 작곡가이자 오르간 연주자인 프랑크 César Franck, 1822-1890가 만든 바이올린과 피아노를 위한 유일한 작품 입니다.

프랑크는 벨기에서 태어났지만 프랑스 파리음악원으로 유학 을 가 전문 교육을 받으며 음악가로 성장합니다. 음악원 수학 당시 오르간 연주와 작곡에 뛰어나 전교 1, 2등를 놓치지 않는 수재였 다고 하죠.

특히 프랑크는 오르간 연주에 탁월한 재능을 보였고, 스스로 도 오르간을 작은 오케스트라로 여기며 졸업 후 오르가니스트로 활발히 음악 활동을 합니다.

오르가니스트로 파리 음악계에 이름을 떨치며 활동하던 중, 자신의 모교인 파리음악원의 교수로 채용되어 프랑스의 후배 음악도들에게 큰 영향을 주었습니다.

그야말로 프랑크는 19세기 프랑스를 대표하는 음악가가 되었죠. 프랑크는 당시 벨기에의 유명 바이올린 연주자였던 외젠느 이자이Eugene Ysaye, 1858~1931와 친분을 쌓았습니다. 이자이는 19세기 말, 20세기 초 기교가 뛰어난 비루투오소Virtuoso(특별한 테크닉과 음악성을 겸비한 현주자) 바이올리니스트로서 프랑스-벨기에의 바이올리니스트 계보를 이어가는 연주자였습니다.

평소 이자이의 바이올린 연주를 좋아했던 프랑크는 어느 날 이자이의 결혼 소식을 듣고 결혼식 축하곡으로 헌정할 작품을 작곡하는데요, 바로 이 작품이 프랑크가 유일하게 남긴 바이올린 소나타입니다.

곡은 전체 네 개의 악장으로, 1악장의 도입부 멜로디가 전체 악장에 유기적으로 연결되어 있습니다. 프랑크 본인도 각 악장이 서로 사촌 관계라고 말했다고 하네요.

풋풋한 첫사랑의 느낌을 담은 1악장, 그리고 열정적인 사랑을 담은 2악장, 깊어 가는 사랑을 환상적으로 표현한 3악장, 그리고 사랑의 결실을 맺으며 결혼식으로 입장하는 두 사람을 축하하는 팡파레 느낌의 4악장으로 되어 있습니다.

　마치 네 개의 악장이 하나로 통일된 듯 보이는데 이러한 음악 구조를 '순환동기'라고 합니다. 그러니까 구조적으로 돌고 돌아 원점으로 돌아온다는 뜻입니다.

　프랑크는 이렇게 전 악장을 음악 안에서 통일하며 무엇을 기억하게 하려고 했을까요? 그것은 바로 '사랑'이었습니다. 절대 변치 않는 사랑을 말하려고 했지요. 그리고 그 사랑이 깨지지 않고 영원하길 바랐던 것이지요.

　여러분이 인생에서 가장 중요하게 여기는 것은 무엇인가요? 꼭 기억해야 하고 어떤 상황에도 잊지 않으려 노력하는 것 말이에요. 프랑크의 작품과 함께하시면서 여러분의 기억 창고 안에 소중한 것들을 깊숙이 간직하시길 바랍니다.

4 창의력,
내 머릿속
반짝이는 작은 별

새로운 것들이 머릿속에서 떠오르는 능력을 '창의력'이라 합니다. 사람들은 창의력이 뛰어난 사람을 '천재'라고 말하기도 하죠. 누구나 알고 있는 지식과 정보 속에서 전혀 인지하지도 알지도 못했던 새롭고 기발한 아이디어를 내는 사람을 '뛰어나다'라고 평가하기도 합니다. 특히 어린 시절, 이러한 능력을 보인다면 '영재'라고 하기도 하고요.

'창의력'은 특히 문화예술 부문에서 더욱 중요하게 부각됩니다. 이전에 없었던 화풍을 만들고 새로움을 창조하는 화가, 무한한 상상력으로 독보적인 음악 세계를 펼친 작곡가와 연주자, 자신의 감정을 몸으로 이야기하듯 표현하는 무용가, 글로써 감동과 시대의 변화를 이끈 작가 등 창의력의 불꽃은 예술작품과 무대 그리고 글을 통해 쉬지 않고 피어오르고 있습니다.

그중에서도 클래식 음악은 무한한 창의력을 품은 귀중한 보물입니다. 작곡가의 천재적인 창의력은 음악을 통해 예술적이고 감각적으로 표현됩니다.

많은 음악가가 어려서부터 또래 아이들보다 뛰어나며 탁월하다 인정받았고, 대부분 천재성을 가지고 태어난 사람들입니다. 역사 속 클래식 작곡가 대부분이 그렇습니다.

천부적인 창의력을 가진 작곡가들을 생각하면 아주 지극히 평범한 제가 음악가로 활동하고 있는 것이 조금 민망하기도 합니다. 그리고 작곡가들의 기발한 아이디어와 상상력이 부럽고, 아주 조금이라도 그들을 흉내 낼 수는 없을까 욕심도 부려봅니다.

이렇게 작곡가의 놀라운 재능이 그대로 담긴 수많은 곡 중 창의력 베스트를 고르기는 정말 어려운 일입니다. 그래서 여러분께 추천할 곡 선정의 기준을 정해 보았습니다. '고전적인 틀을 벗어나 새로움을 창조한 작곡가와 작품.'

여러분께서 제가 고른 음악을 들으며 고정관념을 깨고, 새로운 도전을 한 작곡가들의 용기를 본받으면 좋을 것 같습니다. 생각과 사고를 한곳에 가두지 않고, 다양한 아이디어를 자유롭게, 끊임

없이 표현한 작품들과 함께 하시면서 여러분의 무한한 상상의 날개를 활짝 펼치시길 바랍니다.

내 머릿속에 떠오르는 생각을 믿으세요

루이즈 엑토르 베를리오즈: 환상교향곡, 작품번호 14

L.H. Berlioz: Symphonie Fantastique, Op.14

19세기 프랑스 작곡가이자 지휘자였던 베를리오즈 _{Louis Hector} Berlioz, 1803~1869는 자신만의 음악 색채를 독특하게 표현하여 낭만주의 음악사에 한 획을 그은 사람입니다.

음의 순수한 요소와 예술성을 목표로 음악을 표현하는 것을 '절대음악'이라 합니다. 음악 자체에 절대적 가치를 부여하는 거죠. 쉽게 말해서 음악만으로 모든 것을 표현하는 기악곡으로, 가사 없이 모든 것이 표현 가능하고, 작곡가의 의도와 곡의 내용을 암시하는 제목도 필요 없는 음악입니다.

절대음악은 18세기 작곡가의 음악 작업에 큰 영향을 끼쳤고,

많은 작곡가가 악기를 위한 오케스트라, 독주 악기, 실내악 작품을 만듭니다. 음악 외적 요소는 필요 없고 순수한 음악 예술성으로 승부를 보겠다는 생각은 오랫동안 이어진 작곡가들의 음악 풍토였습니다.

이러한 절대음악 시대에 베를리오즈는 자신이 작곡한 작품의 내용을 직접 설명하면서 절대음악에 대칭되는 '표제음악Program Music을 도입한 작곡가입니다.

바로 그가 작곡한 〈환상교향곡〉이 표제음악의 시작입니다. 〈환상교향곡〉은 나섯 개의 악장으로 구성되어 있는데, '꿈과 정열, 무도회, 전원의 풍경, 단두대로의 행진, 악마들의 꿈'이란 제목이 붙어져 있습니다.

이 작품은 문학과 음악을 하나로 묶어 놓았습니다. 글의 내용을 음표의 흐름으로 유려하게 표현했죠. 각 제목을 보고 해당 음악을 감상하면 바로 작곡가의 의도와 감정이 떠오르는 음악이 표제음악입니다.

물론 베를리오즈 이전의 작곡가들 작품에도 제목이 붙은 곡은 많이 있었습니다. 하지만 작곡가가 직접 제목을 붙이지 않고 작곡가가 죽고난 후 평론가나 출판사에서 분위기와 작곡 의도를 파악해 제목을 따로 붙혀 출판한 곡이 대부분입니다. 그리고 당시에는 제목을 붙여 기악곡을 발표하면, 작곡가들 사이에서는 가벼운 음악, 또는 작곡가의 습작 정도로 여겼다고 합니다.

이렇게 오랜 시간 작곡가들이 관습처럼 따르고, 그것이 최고라 믿고 있었던 절대음악이라는 고정관념의 틀을 깨고 자신의 감정을 음악에 담으려는 과감한 시도와 도전을 한 작곡가 베를리오즈.

그의 용감한 시도는 성공이었습니다. 전혀 가볍지 않은, 묵직한 음악적 깊이를 지닌 표제음악으로 누구도 쉽게 평가할 수 없는 감동을 전하며, 새로운 음악사의 장을 열었지요. 이후 많은 작곡가가 〈환상교향곡〉에 영향을 받아 제목을 붙여 작품을 발표합니다.

연주자는 작곡가가 만든 기존의 작품을 재해석하는 작업을 합니다. 저만의 연주 방식과 저만의 느낌에 따라 재창조의 일을 하는 것이죠. 따라서 기존 연주자들의 해석 방법이 제가 표현하려고 하는 방식과 다를 때가 종종 있습니다. 특히 학창 시절에 이런 고민을 많이 했습니다. 제가 표현하고 싶은 스타일과 선생님의 연주 스타일이 달랐을 때였죠. 그건 어찌 보면 너무나 당연한 일입니다. 사람마다 같은 감정, 같은 생각일 수는 없기 때문이죠.

지금도 이런 순간이 되면 고민이 많습니다. 사실 예전에는 감히 도전하지 못하고 포기했었습니다. 뭔가 티 나는 것 같기도 하고 기존과는 다른 방식의 표현을 했을 때 주변 반응에 대응할 자신감이 없었기 때문이죠. 하지만 요즘은 보편적인 해석과 전혀 다른 방향이나, 기존 연주자와 색다른 주법을 생각하고 있다면 그냥 과감히 표현하려고 합니다.

어차피 제가 연주하는 것이고, 제가 느끼는 솔직한 감정을 그대로 전달하는 것이 맞는 일이라 생각했습니다. 오히려 제가 당당하게 제 예술관을 표현하니 색다른 것이 이상한 것이 아니라 새롭고 신선하다며 좋은 피드백을 받기도 합니다.

작곡가 베를리오즈도 가벼운 음악이라 여겨졌던 표제음악을 세상에 내놓았을 때 저와 비슷한 생각을 했을 것입니다. 창의력의 시작은 도전입니다.

여러분, 도전에 주저하고 계시나요? 본인의 생각을 믿어보세요. 어차피 여러분이 만들어가는 인생입니다. 그러니 신념과 용기를 가지고 자신 있게 표현해보세요.

끝도 없는 무한의 상상

클로드 드뷔시: 교향시 '목신의 오후에의 전주곡'

C. Debussy: Prélude à l'après-midi d'un faune

프랑스 작곡가 드뷔시Claude Achille Debussy, 1862~1918가 활동했던 당시 유럽은 과학기술의 급격한 발전을 이룬 시기였습니다. 사람들의 생활 방식은 예전의 모습과는 많이 달라졌죠. 삶의 변화는 문화와 예술에도 영향을 미쳐 곳곳에 새로움을 탄생시켰습니다.

특히 예술가들의 번쩍이는 창의력은 새로운 예술사조를 만들어 냈습니다. 19세기 프랑스 화가들은 사물의 본질에 중점을 두자는 생각을 하게 되었고, 이러한 예술적 움직임이 인상주의Impressionism를 탄생시켰습니다. 그들은 기존 사물이 갖고 있는 색조, 질감에 관심을 두고 빛에 따라 순간순간 변화하는 사물을 보다 객관적인 시선으로 바라보며 화폭에 담아내려고 했습니다.

　인상주의는 작곡가 드뷔시의 예술적 영감을 깨우게 됩니다. 드뷔시는 자신이 눈으로 보고 느끼는 순간의 인상과 감정을 음표에 담으려고 시도합니다. 그리고 음이 가지고 있는 색깔^{음색}에 집중하며 섬세하고 예민한 변화를 그림 그리듯 오선지에 펼쳐냅니다. 그야말로 음악에 미술의 '인상주의'를 시도한 거죠.

　'다른 예술과 비교했을 때 음악은 자유에 더 많은 무게를 가지고 있다. 나는 이러한 자유를 원하고 자유는 어떤 법칙에 통제받지 않고 자연과 상상의 미묘한 상호작용 속에서 활동한다'는 드뷔시의 말처럼 그는 온전한 자유 속에서 창의력을 발휘했습니다. 틀과 범위를 한정하지 않고 폭 넓게 사고해야만, 자유로운 상태에서 무한한 상상력을 품은 창조를 할 수 있으니까요.

　드뷔시가 우리를 무한한 상상의 세계로 인도하는 작품이 있습니다. 바로 〈목신의 오후에의 전주곡〉입니다. 이 곡은 1894년 초연되고 대성공을 거둔 작품으로 드뷔시의 특별한 예술 감각이 인정받은 작품입니다. 그리고 그의 이름을 널리 알린 곡이죠.

　이 작품은 프랑스 시인 스테판 말라르메^{Stephane Mallarme}의 시 〈목신의 오후〉를 바탕으로 작곡되었습니다. 초연 때, 드뷔시는 곡에 대해 직접 이렇게 설명했습니다.

"저는 자유롭게 그림을 그리듯 시를 음악으로 표현했습니다. 시를 배경으로 삼아 목신의 갖가지 욕망과 꿈이 오후 열기에 담겨 있는 모습을 표현했습니다."

원래 드뷔시의 계획은 시의 내용을 3부로 나누어 '전주, 간주, 끝'으로 구분 지어 작업하려 했지만 전주곡만 작곡했지요. 아마 이 전주곡만으로도 자신의 예술적 표현에 만족했던 것 같습니다.

그리스 신화에 나오는 목신은 반인반수로 상반신은 사람, 하반신은 염소의 모습을 하고 있죠. 시는 목신이 나른한 오후, 꿈처럼 몽롱한 상태에서 환상 속 요정들과 즐기는 모습을 표현합니다. 시의 관능적이고 환상적인 내용을 그대로 음악에 담아 드뷔시의 관현악곡에서는 도입부에서 플루트의 신비로운 멜로디를 시작으로 하프와 목관악기인 클라리넷, 오보에가 합류하며 열정적이며 몽환적인 세계로 이끕니다. 음악이 시 같고, 그림 같은 드뷔시의 놀라운 창작은 그의 음악을 듣는 사람 또한 끝이 안 보이는 상상의 문을 열게끔 합니다. 그리고 이 문은 또 다른 새로움을 창조하는 문으로 연결될 것입니다.

기지개를 활짝! 상상력이 깨어나는 순간

루트비히 판 베토벤: 교향곡 9번 '합창' 작품번호 125
L.v. Beethoven: Symphony No.9 'Choral', Op.125

1954년 설립된 유네스코^{Unesco}는 세계문화유산을 선정하는 유엔 전문기관으로, 전 세계 문화, 과학, 교육의 보급과 보전을 위해 노력하고 있습니다.

세계문화유산으로 지정된다는 것은 과거, 현재뿐만 아니라 미래에도 영향력을 미치는 창작물로 평가되었다는 증거입니다. 클래식 음악 작곡가의 작품 중에서 유네스코 세계문화유산으로 등재된 작품이 있습니다. 바로 작곡가 베토벤의 마지막 관현악곡인 〈교향곡 9번〉입니다.

작곡가 베토벤은 클래식 음악사에서 비교 불가한 최고의 거장으로 평가받는 인물입니다. 게다가 그의 〈교향곡 9번〉은 인류 최고의 음악이자 그동안 작곡된 모든 교향곡을 통틀어 가장 뛰어나다 평가받는 작품입니다. 정말 대단하지 않나요?

이 곡은 마지막 악장인 4악장에 관현악과 합창이 함께하여 '합창'이란 제목이 붙어 있습니다. 베토벤이 직접 정한 것은 아니고 베토벤 사후에 이름이 붙여진 것입니다.

물론 베토벤 이전의 작곡가들도 합창과 관현악의 콜라보를 시도했다고 알려져 있으나 악보로 남겨져 있는 것은 없습니다. 또한 작곡은 했더라도 연주 무대에는 올리지 않았다고 하네요. 이런 이유로 베토벤의 작품은 합창과 관현악이 함께하는 곡 중 악보가 현존하는 최초의 곡이 되었습니다.

베토벤의 〈교향곡 9번〉은 후배 작곡가에게도 영향을 끼칩니다. 그들에게 음악적 영감과 창의력을 불러일으켰죠. 작곡가 슈베르트, 브람스, 말러, 브루크너 등은 베토벤을 존경하고 그에게 음악적 영향을 받았다고 직접 말하기도 했답니다.

게다가 작곡가뿐만 아니라 연주자에게도 영향을 줍니다. 이 작품을 연주하는 데 걸리는 시간도 오케스트라마다 다 다른데, 이는 연주자마다 다른 해석을 가지고 있다는 것을 보여주는 간단한 예이기도 합니다. 기본적인 템포부터 차이가 나기 시작하거든요.

박진감 있고 정열적으로 표현하기 위해서 조금 빠르게 연주하기도 하고, 아니면 베토벤의 철학적 내면세계를 표현하기 위해 조금 느리게 연주할 수도 있습니다.

메트로놈^{박자기}을 보면, 조금 느리게 연주하는 템포 범위가 75~89BPM 사이니까 그 안에서 해석 방향에 따라 선택할 수 있는 거죠. 미세한 차이라고 할 수 있지만 음악 표현에서는 큰 영향을 미칩니다. 이처럼 베토벤의 〈교향곡 9번〉은 현대 지휘자와 연주자에게도 창의력을 발휘하여 곡을 재탄생시킬 수 있는 문을 활짝 열어둔 셈인 거죠. 베토벤이 독창적인 창의력을 발휘한 작품이 몇백 년이 지난 지금도 큰 영향력을 끼친다는 것이 놀라운 일입니다.

교향곡은 전체 4악장으로 되어 있습니다. 1악장 알레그로 마 논 트로포^{Allegro ma non troppo(경쾌하지만 너무 빠르지 않게)}는 베토벤이 확립시킨 소나타 형식으로 힘차고 도전적인 멜로디가 인상적입니다.

2악장 몰토 비바체^{Molto Vivace(아주 빠르고 활기차게)}는 도입부에서 현악기와 팀파니가 동일한 리듬으로 연주하면서 재미나고 경쾌하게 선율의 흐름을 이어갑니다.

이어서 3악장은 '아다지오 몰토 칸타빌레^{Adagio molto e cantabile}'라고 악보에 기입되어 있는데 '느리게 노래하듯이' 연주하라는 표시입니다.

특히 3악장은 평화와 평온이 가득 담겨 있습니다. 이 곡을 작곡할 때 베토벤은 청력을 완전히 상실하여 오로지 영감 속에서 작곡했다고 알려져 있습니다. 아무 음도 듣지 못하지만 베토벤 마음속에 울려 퍼지는 소리는 이토록 아름다웠을 거라 생각하니 겸허해지기까지 합니다. 그를 존경할 수밖에 없는 이유이고요.

대망의 마지막 4악장 Finale(피날레)입니다. 앞의 3악장을 정리하며 〈환희의 송가〉 멜로디가 나오고 독창이 먼저 시작하여 대합창이 어우러지는 감격과 희망, 환희가 결정체를 이루는 악장입니다.

합창의 〈환희의 송가〉는 쉴러 Johann Christoph Friedrich von Schiller 의 시를 가사로 사용했습니다.

오 친구들이여.

좀 더 즐겁고 환희에 찬 노래를 부르지 않겠는가!

(중략)

이 세상의 모든 존재는 자연의 가슴에서 환희를 마시고

모든 선한 사람이나 악한 사람이나 장밋빛 오솔길을

환희 속에서 걷는다.

많은 분이 〈교향곡 9번〉하면 4악장만 주로 기억하거나 듣는데, 전 악장을 천천히 감상하셨으면 합니다. 이 곡을 다 듣고 나면 '와! 베토벤!' 절로 감탄이 나올 테니까요. 그리고 왠지 우리 안에 깊숙이 잠들어 있는, 아직 깨어나지 못한 창의력이 기지개를 펴고 일어날 것 같은 확신도 듭니다.

독창성에 날개를 달아, 자유롭게

안토니오 비발디: 조화의 영감, 작품번호 3
A. Vivaldi: L'estro Armonico, Op.3

17세기 '바로크 음악' 시대에 빠질 수 없는 작곡가가 바로 안토니오 비발디Antonio Lucio Vivaldi, 1678~1741이죠.

비발디는 대중적으로 잘 알려진 곡, 사계절의 변화를 음악에 담아낸 〈사계〉를 작곡한 작곡가입니다. 그는 작곡가가 되기 전에 가톨릭교회의 사제였습니다. 어려서부터 성당 바이올린 연주자였던 아버지께 바이올린 교육을 받았고 실력도 뛰어났죠. 하지만 부모님의 반대로 가톨릭교회의 사제가 되었습니다.

신부님이 되었지만, 비발디는 어려서부터 앓았던 천식이 점점 심해지고 건강도 좋지 않았다고 합니다. 그래서 베네치아의 음악기숙학교인 피에타에서 음악 교사로 일하는 특수 사목을 하게 되었습니다. 학교에서 바이올린도 가르치고 작곡도 하면서 클래식 음악사에 중요한 업적을 남기게 됩니다.

비발디는 음악가로 활동하면서 자신만의 독특하고 독창적인, 그리고 미래를 내다 보는 창의력을 발휘합니다. 그의 작품 중 〈조화의 영감〉이라는 작품집이 있습니다. 여기에 수록된 작품들은 비발디의 자유로운 음악적 표현이 돋보입니다.

이 작품집은 12개의 곡으로 구성되어 있습니다. 한 대 또는 네 대의 바이올린과 관현악이 함께하는 협주곡으로, 바이올린이 표현할 수 있는 음악적 표현과 테크닉의 가능성을 최고로 끌어내었고 독주 악기와 관현악의 다양한 상호 작용을 감각적으로 표현했습니다. 게다가 이탈리아 바로크 시대의 음악적 특징을 볼 수 있다는 점에서 음악사에도 중요한 작품입니다.

특히 이 작품은 협주곡이라는 음악 장르의 발전에 중요한 역할을 했습니다. 바로크 시대 독일 작곡가 바흐에게도 영향을 주었다고 하네요. 그래서 바흐는 비발디의 〈조화의 영감〉 악보를 구해서 그중 몇 개를 뽑아 편곡을 하기도 했다고 합니다.

비발디의 작품은 독주 악기 바이올린이 가진 기교적인 표현과 음색, 음역의 매력을 극대화시켰습니다. 특히 바이올리니스트라면 비발디의 작품은 기본적으로 연주해야 하는 프로그램인데요, 저는 연주할 때마다 감탄합니다. 바로크 시대에 현대와 비슷한 테크닉과 음악적 표현을 했다는 것에 말이죠.

이처럼 비발디의 남다르고 천재적인 창의력은 고국 이탈리아뿐 아니라 유럽 여러 나라까지 '안토니오 비발디'라는 이름을 널리 알리게 했습니다. 〈조화의 영감〉이라는 제목이 그래서 더욱 인상적입니다. 자신만의 독창적이며 자유로운 표현의 욕구와 상상을 음악에서 아름다운 조화로 탄생시켰으니까요,

하려는 일에 '영감'이 떠오르며 변화가 있길 기다리시나요? 그럼 비발디의 〈조화의 영감〉과 함께 해보시죠.

자신 있게 내 생각을 펼치길

드미트리 쇼스타코비치: 교향곡 5번

D. Shostakovich: Symphony No. 5

위기의 상황에 직면해도 기발하고 슬기로운 아이디어로 위기를 기회로 바꾼 작곡가와 작품 이야기를 해볼까 합니다.

20세기 러시아, 그러니까 당시 소련은 혼란의 시대였습니다. 1917년 러시아에서는 혁명이 일어나고 전제군주국은 무너졌죠. 그리고 세계 최초의 사회주의 소비에트 연방공화국이 세워집니다. 그 후 러시아혁명을 이끌었던 레닌이 죽고 스탈린이 권력을 잡으면서 폐쇄적이며 공포의 정치가 시작됩니다. 한마디로 혼란의 소용돌이 속에 빠진 시대였어요.

이렇게 역동적이며 변화를 거듭하는 시대를 살아간 작곡가가 있습니다. 바로 드미트리 쇼스타코비치 ^{Dmitri Dmitriyevich Shostakovich,}
^{1905~1975}입니다.

레닌의 사회주의 정권 시절에는 문화예술의 부활이 일어났습
니다. 많은 창작자가 자유로운 예술 세계를 펼쳤죠. 그 당시 쇼스
타코비치는 피아니스트로 활동하면서 쇼팽국제피아노콩쿠르에
입상합니다. 쇼스타코비치는 고국 러시아뿐 아니라 서방 유럽 사
회에도 유명한 음악가로 활동합니다.

그러나 스탈린이 정권을 장악한 후, 자유를 억압하고 감시와 검
열을 시작했습니다. 예술가는 검열대상 1순위였죠. 스탈린의 대
숙청이 이루어지며 피바람이 붑니다. 이 시기에 많은 예술가가 목
숨을 걸고 다른 나라로 망명을 갔습니다.

예술가에 대한 무시와 간섭, 억압 속에서 꿋꿋이 버티며 살아
간 사람이 바로 쇼스타코비치입니다. 그는 일기장에서 늘 불안에
떨었고, 잠을 잘 때도 언제 당에 끌려 갈지 몰라 옷도 벗지 못하고
잤다고 회고합니다. 이처럼 불안하고 긴장된 사회에서 쇼스타코
비치는 지혜롭게 자신만의 예술 세계를 펼칩니다.

스탈린 정권 당시인 1934년 쇼스타코비치는 〈므첸스크의 맥베
스 부인〉이라는 오페라 작품을 발표합니다. 이 작품의 초연을 감
상한 스탈린은 부르주아의 느낌이 가득 담긴 작품이라며 화를 내

며 연주 도중 나갔다고 합니다. 그 후 쇼스타코비치의 공연은 금지되고, 공산당으로부터 엄청난 사상 비판과 질타를 받게 됩니다.

쇼스타코비치는 생명의 위협마저 느끼며 러시아 혁명 20주년에 맞추어 몇 개월 만에 〈교향곡 5번〉을 발표합니다. 쇼스타코비치는 총 10개의 오케스트라를 위한 작품을 탄생시키는데 그중 가장 대중적으로 잘 알려진 작품이 5번입니다. 강요된 사회주의 찬양에 자신이 하고 싶은 사실적인 예술 세계를 기묘하게 섞어서 당에서 눈치채지 못하도록 만든 작품이지요. 작품의 부제는 '당국의 정당한 비판에 대한 소비에트 예술가의 답변'이라 되어 있습니다.

4악장으로 구성된 이 교향곡은 암울하고 혼란하고 불안함이 가득한 1악장 Moderato(보통 빠르게), 2악장 Allegretto(조금 빠르게), 3악장 Largo(아주 느리게)를 거치며 4악장 Allegro non troppo(너무 빠르지 않게)에서는 혁명의 투쟁으로 이루어낸 승리의 기쁨, 환희, 사회주의 찬양을 표현하며 강렬하게 마무리합니다.

이 곡이 연주되자 당에서는 아주 만족해하며 교화된 예술가라 칭송했다고 하죠. 그리고 쇼스타코비치는 인민주의 작곡가로 확실한 인정을 받기 시작합니다.

사실 작품을 자세히 들여다보면 해학적으로 비꼬는 듯한 리듬과, 형식 또한 고전주의와 낭만주의 틀을 사용했습니다. 이 작품을 발표하고 나서 쇼스타코비치는 '나의 음악이 모든 것을 말해줄 것이다'라고 했다고 하죠.

2016년 영국 BBC 음악잡지 주관 아래 현재 활동하고 있는 유명 지휘자들을 대상으로 가장 위대한 교향곡 20개를 뽑는 설문조사를 했습니다. 그 결과 쇼스타코비치의 〈교향곡 5번〉이 17위로 순위에 들었습니다.

창의력을 억압하고 탄압해도 절대 포기하지 않았던 쇼스타코비치. 작품 안에서 지혜롭고 용감한 쇼스타코비치를 만나보시길 바랍니다.

하늘에서 쏟아지는 비같이 떠오르는 영감

구스타프 말러: 교향곡 8번 '천인교향곡'

G. Mahler: Symphony No.8 'Symphony of a Thousand'

콘서트 무대에 올리는 곡 중 연주자가 가장 많이 필요한 클래식 작품은 무엇일까요? 질문부터 신선하지 않나요?

정답은 독일 작곡가 구스타프 말러Gustav Mahler, 1860~1911의 〈교향곡 8번〉입니다. 몇백 명도 아닌 무려 천 명의 연주자가 무대에서 연주한다 해서 '천인교향곡'이란 별명이 붙은 곡입니다. 필요한 연주자의 숫자만으로도 놀라운 작품인데, 이 작품의 예술성 또한 대단합니다.

우선 작곡가 구스타프 말러부터 알아보겠습니다. 말러는 후기 낭만주의를 대표하는 작곡가입니다. 그는 작곡가로 먼저 음악계에 첫발을 떼지 않고 빈 국립오페라 극장에서 음악감독으로 재직하며 지휘자로서 오랜 기간 활동했습니다. 지휘자로 활약하며 오케스트라 작품과 가곡 등 후기 낭만주의 특유의 자유롭고 드라마틱한 감성을 가득 담은 명곡을 탄생시킵니다.

그는 오케스트라 작품은 모든 것을 포함하는, 거대한 하나의 세계라는 생각을 가지고 실험적이고 도전적인 창의성을 발휘합니다. 미완성으로 남겨진 〈교향곡 10번〉을 제외하고 아홉 개의 교향곡 작품을 남겼습니다.

말러 또한 선배 작곡가 베토벤의 영향을 많이 받은 사람 중 하나입니다. 베토벤이 아홉 개의 교향곡을 작곡하고 세상을 떠났으니, 자신이 작곡한 〈교향곡 9번〉에 번호를 붙이지 않고 '대지의 노래'라는 제목으로 발표합니다. 혹시 아홉 번째로 번호를 붙이면 자신도 베토벤의 운명과 비슷하게 될까 염려한 모양입니다. 하지만 말러도 〈교향곡 10번〉을 끝내 작곡하지 못하고 세상을 떠난 안타까운 일화가 있답니다.

〈교향곡 8번〉은 어느 날 갑자기 영감이 떠올랐다고 합니다. 중세 종교 성가곡인 〈오소서, 창조의 성령이여〉의 멜로디가 갑자기 말러의 머릿속을 스쳐갑니다. 그 후 말러는 미친 듯이 작품에 몰두합니다. 하늘에서 쏟아져 내리는 장대비처럼 영혼을 울리는 창의력을 발휘하죠.

말러는 〈교향곡 8번〉에 대해 말할 때, 그동안 자신이 발표한 작품들은 〈교향곡 8번〉을 위한 전주곡에 불과하고 이전의 작품과는 완전히 다른, 구별된 작품이라고 했습니다. 그리고 번개가 자신의 머리를 내려치듯 영감이 떠올라 그저 자신은 오선지에 받아 적기만 했다고 합니다.

그래서인지 이 교향곡은 그동안 볼 수 없었던 가장 큰 규모의 오케스트라 작품입니다. 5관 편성의 대규모 오케스트라와 합창단 그리고 이린이 합창단, 여덟 명의 독창자 그리고 피아노와 하프까지 들어갑니다. 그리고 무대 정면이 아닌 위쪽에 금관밴드를 배치하여 연주하게 하면서 공간을 다르게 사용함으로써 스펙타클한 음향까지 만들어냅니다. 실제 공연을 보면 클래식 음악에 사용되는 모든 것이 총동원되어 현대 음악사로 가기 전, 거대하고 장대하게 후기 낭만주의 음악을 마무리 짓는 작품입니다.

1부는 중세 성가를 바탕으로, 2부는 괴테의 운문 희곡 〈파우스트〉의 마지막 구원의 장면을 바탕으로 작곡했습니다. 음악이란 모든 것을 포용하고 하나로 결집시키는 위대한 존재임을 작품 속에서 말해주고 있습니다.

말러의 〈교향곡 8번〉의 연주 실황을 직접 보시면 영감의 번개를 맞은 말러의 예술적 창의력에 감탄을 금치 못하실 겁니다. 유튜브 영상으로도 실제 연주 감상 못지않는 창작의 감동을 느낄 수 있으니 한번 감상해보세요.

아이디어가 실패해도 포기하지 말아요

이고르 스트라빈스키: 봄의 제전

I. Stravinsky: Le Sacre du printemps

새로운 창의력을 바탕으로 한 결과물이 언제나 환영받는 것은 아닙니다. 그동안 경험하지 못했던 것에 어색해하기도 하고, 반감도 적지 않게 있을 것입니다.

작곡가의 창조물 중 초연 당시 연주가 시작되고 몇 분 지나 관객석에서 고성과 싸움이 일어난 작품이 있습니다. 콘서트장이 난리북새통이 되었고, 연주가 중단된 일이 있었습니다.

바로 러시아 작곡가 스트라빈스키Igor Stravinsky, 1882~1971의 〈봄의 제전〉이 초연되었을 때였죠. 작곡가 스트라빈스키는 러시아에서 태어났으나 미국으로 망명하여 활동했던 작곡가입니다. 러시아

혁명 때 미국으로 옮겨와 활동하면서 새로운 사조였던 신고전주의에 합류했습니다.

신고전주의는 후기 낭만주의를 지나고 다시 바로크와 고전 시대, 즉 예전 음악 스타일로 돌아가려는 음악적 움직임이었습니다. 스트라빈스키는 신고전주의 음악 정신에 자신만의 독특한 창의력을 발휘해 20세기 새로운 사조를 선도한 대표적인 작곡가입니다.

그가 작곡가로 활동을 시작하면서 발표한 작품은 사람들에게 찬사를 받으며 성공했고, 그는 작곡가로 입지를 굳혔죠. 그러던 중 발레를 위한 곡을 의뢰받아 작곡한 작품이 바로 문제의 〈봄의 제전〉입니다.

이 곡은 당시 활동했던 안무가 디아길레프 Sergei Diaghilev와 협업한 것으로, 봄이 왔음을 축하하며 의식을 치르는 원시시대 부족의 이야기를 신작 발레로 만들고 이때 사용될 음악을 만드는 작업이었습니다.

스트라빈스키는 자신이 그동안 쌓아왔던 음악적 경험을 바탕으로 새로운 실험에 도전하기로 합니다. 20세기의 음악 색깔을 담아, 그동안 듣지 못한 새로운 화성법으로 작곡을 합니다.

광적이고 현란한 리듬, 불안한 화성과 불협화음, 정리되지 않은 선율, 극도의 긴장감과 화가 치밀어 오를 것 같은 흐름으로 뒤엉킨 음악이었죠. 이 음악에 맞추어 무용수들이 추는 춤 역시 현란하고 원초적이었습니다.

여러분이 〈봄의 제전〉이 초연되던 순간 관객석에 계셨다면 어떠셨을까요? 만약 저라면 음악인지 소음인지 모르겠어서 괴로워하며 공연장을 뛰쳐나갔을 것입니다.

이렇게 놀라움을 금치 못하는 스트라빈스키의 새 작품을 듣고 연주 도중 그의 음악을 찬성하는 사람과 반대하는 사람으로 나뉘어 서로 소리치며 싸우다가 음악회는 결국 중단되었습니다. 하지만 얼마 되지 않아 스트라빈스키의 음악은 센세이션을 일으켰고 작품은 대성공을 거둡니다.

새로움을 만들어간다는 것은 실패를 예상하기도 해야 하는 도전일 수 있습니다. 그럼에도 우리는 위험을 감수하며 창작을 멈추지 않아야 할 것입니다.

5 지적 능력,
쑥쑥 자라는
내 안의 잠재력

요즘 '지적 성장'이라는 표현을 많이 듣습니다. 지적인 능력은 단기 기억, 문제 해결 능력, 추론력과 사고력, 집중력 등을 말하는데요, 한국인의 지적 능력은 매우 높은 편이라고 합니다.

그래서 그런가요? 대한민국 사람들이 어느 분야나 고르게 두각을 나타내며 세계적 위상을 뽐내고 있는 이유가 '지능이 좋아서일까'라는 생각도 해봤습니다.

1946년 영국에서 설립되어 전체 인구의 상위 2% 안에 드는 고지능 소유자들의 단체인 '멘사Mensa'에 들어가기 위해서는 지능검사IQ테스트 점수가 최소 148점은 되어야 한다고 합니다. 자신의 자녀가 어려서부터 지능적인 면에서 뛰어난 것을 발견하면 '혹시 천재 아니야?'라고 생각하시는 분들이 많을 것입니다. 한국에서도 지능이 뛰어난 영재를 교육하여 육성하는 데 본격적인 노력을 하고 있지요.

'천재적이다'라는 평가를 받으려면 지능지수만 높아서는 안 됩니다. 앞에서 말한 창의력까지 가지고 있어야 합니다. 그렇다면 지적 능력을 올리기 위해서는 어떤 방법들이 있을까요? 독서를 하고 감상문을 적어보기도 하고, 토론을 하기도 합니다. 특히 수학 학습은 논리력을 키우는 데 아주 좋죠.

지적 능력이 좋아질수록 어려운 상황이나 문제에 부딪혔을 때 도전하거나 해결하는 능력도 생기고, 몰랐던 것을 배우고 학습하려는 자세와 자신감도 상승하게 됩니다.

만약 음악을 통해서 우리의 지능을 높히는 데 도움을 받을 수 있다면 어떨까요? 그렇다면 어떤 방법보다 음악 감상이 쉽고, 편하고 좋은 방법일 것 같은데 말이죠. 자, 그럼 그 시대의 천재, 영재로 평가받은 뛰어난 작곡가들의 작품을 통해서 그 궁금증을 풀어봅시다.

잠자고 있는 재능을 깨우기

볼프강 아마데우스 모차르트: 오페라 '피가로의 결혼'
W.A. Mozart: Le Nozze di Figaro, K.492

모차르트Wolfgang Amadeus Mozart, 1756~1791는 35년의 짧은 인생을 사는 동안 총 22개의 오페라를 작곡합니다. 그중 몇 곡은 미처 작곡을 끝내지 못하고 미완성으로 남았죠. 모차르트가 완벽하게 마무리하여 발표한 오페라 작품은 총 17개입니다.

17개 중에서도 모차르트의 재능이 돋보이며 대중적인 오페라는 〈피가로의 결혼〉, 〈돈 지오바니〉, 〈코지 판 투떼〉, 〈마술피리〉입니다.

오페라는 극과 음악이 함께 어우러진 장르입니다. 모차르트 이전의 작곡가들이 만든 작품은 주로 극의 내용보다는 음악이 우선

시 되었습니다. 특히 성악가들이 기량을 뽐내는 노래 위주의 무대였지요.

모차르트는 오페라의 스토리, 그러니까 좋은 극작가의 훌륭한 대본을 찾아다녔고 그 스토리에 일치하는 음악을 만들고자 노력합니다. 즉 음악과 극을 일치시키는 완벽한 음악극을 만들고자 한 것이죠.

흔히들 오페라를 '종합예술'이라 합니다. 그렇기에 오페라를 만드는 작곡가는 음악만 작곡해서는 안 됩니다. 오페라 스토리의 내용을 정확히 알아야 하고 그것을 전달하기 위해 가수들의 연기, 대사, 노래, 오케스트라와의 조화, 무대배경, 의상 등 한마디로 모든 것을 통찰하는 능력이 있어야겠죠.

모차르트는 클래식 음악사에 영재 중 영재로 손꼽힙니다. 그러니 그의 지능은 당시에 멘사가 있었으면 당연히 1등으로 가입하고도 남았을 것입니다.

모차르트는 언어능력도 뛰어났다고 하죠. 어려서부터 신동으로 불리며 두각을 나타내는 아들 모차르트를 본 아버지는 자신의 아들을 유럽 여러 나라 사람들에게 알려야 한다고 생각합니다. 그래서 어린 아들을 데리고 프랑스, 영국, 이탈리아를 돌며 음악 연주 여행을 합니다.

연주 여행을 하면서 어린 아들에게 언어 교육을 철저하게 시켰다고 하죠. 독일어권에서 태어난 모차르트는 런던을 가면 영어, 파리를 가면 프랑스어, 로마를 가면 이탈리어를 써야 했답니다. 이런 교육을 받았으니 4개 국어는 능통했을 거예요.

그의 남다른 언어능력은 오페라 속 가사를 어느 나라 언어로 번역해도 음률이 잘 맞아떨어지는 것에서 발견할 수 있습니다. 여러분도 좋아하는 팝송을 한국어로 번역해서 불렀을 때 가사와 음이 일치하지 못하면 얼마나 어색한지 다 경험해보셨을 것입니다.

그의 대표삭 〈피가로의 결혼〉은 모차르트가 기다리고 기다리던 훌륭한 대본을 만나게 되어 작곡한 작품으로, 극작가 디 폰테 Lorenzo Da Ponte 대본을 바탕으로 1785년에 완성한 오페라입니다.

모차르트가 원하는 '극과 음악의 일치'를 완벽하게 하기 위해 성악가들은 노래뿐 아니라 연기 그리고 춤까지 익혀 아주 부지런히 무대에서 움직여야만 했습니다. 게다가 성악가들 간의 앙상블을 위해 서로 호흡을 맞추는 것도 필요했습니다. 그러니까 성악가들도 노래만 하는 것이 아니라 극의 내용을 정확히 인지하고 노래와 연기, 대사를 해야했던 거죠.

즉 모차르트는 예전의 오페라처럼 혼자서 무대에 올라와 독창을 부르며 기교를 뽐내는 것이 아니라 이중창 또는 함께 부르는 합창을 통해 전체적인 음악의 합을 완성하는 것을 중요시했던 것입니다.

하지만 모차르트의 오페라 〈피가로의 결혼〉은 파리에서 초연 후, 모차르트 음악 인생에 흑역사가 될 뻔합니다. 프랑스 왕 루이 16세는 '참을 수 없는 끔찍한 오페라'라 하며 절대 상연하지 못하게 했습니다. 왜냐면 오페라 대본의 내용이 기존 신분제도의 문제점에 도전했기 때문이에요. 그러니까 귀족들을 은근슬쩍 놀리고 잘못한 것을 야단치며 지적했던 거죠. 그럼에도 이 오페라는 모차르트 인생에 가장 성공한 오페라로 기록됩니다.

당시 모차르트는 왕실과 귀족의 기득권과 아슬아슬하게 음악으로 줄타기하며 지능적으로 대처합니다. 그리고 사회 문제점을 고발하며 기가 막히게 예술로 승화시켰죠. 바로 이것이 모차르트의 놀라운 음악적 재치와 재능을 확인할 수 있는 점이에요.

오페라를 쭉 듣고 있노라면 모차르트의 높은 지적 능력을 따라가기 위해 노력하고 싶은 마음이 듭니다. 숨겨진 능력이 조금씩 기지개를 피고 일어나는 기분입니다.

막강 파워, 막강 재능

볼프강 아마데우스 모차르트: 교향곡 41번 '주피터' 작품번호 551
W.A. Mozart: Symphony No.41 'Jupiter', K.551

그리스·로마 신화 속에는 여러 신이 등장합니다. '올림포스 12신'인 헤라, 포세이돈, 데메테르, 아테나, 아폴론, 아르테미스, 아레스, 아프로디테, 헤파이스토스, 헤르메스, 헤스티아, 디오니소스, 하데스, 페르세포네를 비롯하여 여러 신이 있습니다.

많은 신 가운데 최고의 신이 있습니다. 신들의 왕! 바로 주피터 ^{제우스}이지요. 우주와 하늘과 땅, 세상의 만물을 모두 주관하는 가장 막강한 신입니다. 올림포스에 살고 있는 모든 신의 힘을 다 합쳐도 주피터를 이길 수 없다고 하니 상상할 수 없는 엄청난 파워를 가진 신일 것입니다.

이런 어마어마한 능력을 가진 주피터의 지능은 얼마나 될까요? 웃긴 상상을 해보았습니다. 신의 영역이니 측정 불가겠죠. 만약 인간의 기준이 100점이 만점이라면 100점을 거뜬히 받는 유일무이한 존재였을 것입니다.

클래식 음악계 신동, 모차르트도 저와 같은 재미난 상상을 했던 것일까요? 그의 마지막 교향곡은 '주피터'라는 별명을 가졌습니다. 사실 '주피터'라는 제목은 모차르트가 직접 붙이진 않았습니다. 거대한 스케일과 웅장함, 그리고 섬세하고 고전적이며 서정적이고 낭만적인 고전주의 교향곡의 최고의 정수를 보여준다 평가를 받으며 훗날 '주피터'라 붙여졌고, 지금까지 그렇게 불리고 있습니다. 또한 모차르트 생애 마지막 교향곡이라 그의 예술적 위대함을 '주피터'로 평가한 듯합니다.

최고 파워를 가진 신과 천재 작곡가가 만난다면 어떨까요? 만남 자체만으로도 하늘에서 천둥과 폭풍우가 몰아치며 지진이 나고 지각변동이 일어나지 않을까요?

모차르트의 음악 〈주피터〉에서도 이러한 광범위한 스펙트럼이 감각적으로 다가옵니다. 이 교향곡은 모차르트가 세상을 떠나기 전 건강 악화와 심한 경제난으로 육체적으로나 심리적으로 어려운 시기에 작곡되었습니다. 불행으로 가득한 어둠 속의 고통을 신의 왕, 주피터가 '짠' 하고 나타나 한 방에 해결해주고, 찬란한 행복의 빛이 음악으로 표현됩니다.

곡은 전체 4악장으로, 1악장Allegro Vivace(매우 빠르고 생기 있게)의 도입부는 밝고 희망의 에너지로 가득 찬 선율입니다. 주피터의 막강한 힘을 음표에 펼쳐놓은 듯합니다.

이어지는 2악장Andante Cantabile(천천히 노래하듯이)은 신들이 있는 평화로운 아름다운 동산이 모습이 연상되면서 우아하고 고귀한 느낌의 선율로 채워져 있습니다.

그리고 3악장Minuetto Allegro(빠르고 경쾌한 미뉴에트)은 미뉴에트 춤곡 양식으로 즐겁고 쾌활합니다.

마지막 4악장Molto Allegro(매우 빠르게)은 1, 2, 3악장의 느낌을 종합해 기분을 최고조로 끌어올리다가, 현란하고 색색의 불꽃을 마구 터트리며 깜깜한 하늘을 낮처럼 환하게 비추고는 화려하게 마무리합니다.

이 교향곡을 다 듣고 나면 저 또한 막강한 힘과 천재적 재능을 가진 그들의 경지에 다가선 듯한 착각이 듭니다.

무한한 잠재력을 믿어요

구스타프 홀스트: 행성, 작품번호 32
G. Holst: The Planets, Op.32

20세기를 대표하는 영국 작곡가 구스타프 홀스트 _{Gustav Theodore} Holst, 1874~1934는 음악뿐 아니라 천문학에도 관심이 많았다고 합니다. 이러한 관심은 음악 작업에도 이어져 행성에 그리스·로마 신의 이름을 붙이고 멋진 관현악 색채를 입혀 곡으로 완성합니다.

작곡가 홀스트의 작곡 인생에 있어 이 곡은 최고라 평가받는 작품입니다. 대우주를 음악으로 표현하다니 그런 생각을 한 것 자체만으로도 정말 놀랍습니다. 당시 사람들에게 우주란 인간 능력의 범주가 감히 닿을 수 없는 영역이었을 텐데 말이지요.

물론 현대에 와서는 태양계 속 다른 행성을 발견해 착륙하여 행성을 연구하기도 합니다. 그러니 먼 미래에는 지구 사람들이 다른 행성으로 이주하여 살 수 있지 않을까 기대와 상상을 하지만요. 어쨌든 지금도 우주의 범주는 우리가 상상하는 그 이상일 것입니다.

홀스트는 옛날 사람들이 주로 했던, 하늘의 별을 보며 점을 치는 점성술이 천문학과 연관이 있다고 생각합니다. 따라서 작품의 행성 순서는 천문학에서 말하는 태양계 행성 배열을 사용하지 않았습니다. 그리고 지구는 빼고 작품을 완성합니다.

작품은 '화성 – 금성 – 수성 – 목성 – 토성 – 천왕성 – 해왕성' 차례로 되어 있습니다.

시작은 〈화성Mars〉입니다. 그리스·로마 신화 속 전쟁의 신 '마르스아레스'입니다. 이 곡을 감상하면 영화를 관람하는 듯합니다. 음악은 영웅적인 느낌과 묵직한 웅장함이 꽉 찬 선율로 진행됩니다. 마치 영화 속에 등장하는 악당들을 물리치기 위해 힘차게 출격하는 주인공의 당당함 같은 곡입니다.

두 번째 〈금성Venus〉입니다. 그리스·로마 신화 속 미모 담당 '비너스아프로디테'의 이름을 붙인 곡인데요, '비너스'라는 부제만으로도 곡의 느낌이 연상되시지요? 우아하고 감히 넘볼 수 없는 품격이 느껴지는 곡이죠. 그리고 평화가 가득한 작품입니다.

세 번째 〈수성Mercury〉입니다. '날개 달린 전령'이란 부제가 달린 것처럼 속도감이 빠르고 경쾌하고 밝은 느낌입니다.

네 번째 〈목성Jupiter〉의 부제는 '즐거움을 가져오는 자'라고 합니다. 제목만 보아도 벌써 유쾌하고 음악을 들으면 기분이 좋아집니다. 희망으로 가득 찬 작품입니다.

다섯 번째 〈토성Saturn〉입니다. 느린 템포Adagio의 작품으로 '황혼기를 가져오는 자'라는 부제가 붙어져 있습니다. 우리 인생의 황혼기는 어떤 모습일까요? '고생 끝에 낙이 온다'라는 말이 있듯, 황혼기는 젊은 시절 정신없이 불태운 노력과 정열을 보상받는 시간이길 기대합니다.

홀스트도 제 마음과 같았을까요? 〈토성〉에서는 평화와 안정감 그리고 기쁨과 희망까지 느껴집니다. 누구나 바라는 찬란한 황혼의 모습을 음악 안에 담았습니다.

여섯 번째 〈천왕성The Magician〉입니다. 프랑스 작곡가인 폴 뒤카Paul-Abraham Dukas, 1865~1935의 〈마법사의 제자〉라는 작품의 선율을 사용해서 만든 곡이라고 합니다. 세밀하고 정밀한 관현악의 기법이 빛을 발하는 작품입니다.

일곱 번째 곡 〈해왕성Neptune〉입니다. 이 곡은 도입부에서부터 신비로운 느낌이 가득합니다. '신비로운 자'라는 부제를 인지하지 않아도 충분히 느낄 수가 있습니다. 우주는 묘한 기운이 가득한 미지의 세계입니다. 그래서 작곡가 홀스트도 작품의 마지막을 신비로움으로 가득 채우며 마무리합니다.

우리의 지적 능력은 한계가 있을까요? 저는 아니라고 봅니다. 성장기에 받는 교육뿐만 아니라 살아가면서 처하는 환경, 그리고 다양한 경험과 체험을 하며 얼마든지 더 성장할 수 있고 생각지도 못한 능력을 발휘할 수 있다고 믿습니다.

홀스트 또한 평소에 관심을 가졌던 천문학을 바탕으로 음악과 과학을 합쳐 직품을 만든 것처럼 말이죠. 우리도 다양한 것에 관심을 가지고 경험과 학습을 이어간다면 얼마든지 자극받고 성장할 수 있을 것입니다.

마치 인간이 사는 지구가 우주 전체에서 하나의 아주 작은 행성인 것처럼, 지금 생각하는 본인의 능력이 전부가 아닙니다. 여러분의 무한한 잠재력을 가두지 않았으면 합니다.

카미유 생상스: 교향곡 3번 '오르간' 작품번호 78
C. Saint-Saëns: Symphony No.3 'Organ', Op.78

프랑스의 신동! 프랑스의 모차르트! 바로 작곡가 생상스Camille Saint-Saëns, 1835~1921입니다.

생상스는 다섯 살의 나이에 어린아이 답지 않은 놀라운 실력으로 피아노 연주를 하면서 신동의 모습을 선보이죠. 그리고 열세 살에 오르간을 전공하면서 최고의 오르간 연주자가 될 준비를 합니다. 그리고 열여섯 살에는 작곡가로 프랑스 음악계에 이름을 알리기 시작합니다. 생상스는 음악가로서 프랑스에서 주는 '레지옹 도뇌르Légion d'honneur' 훈장까지 받았다고 하니 당시 프랑스에서 생상스의 음악적 위상은 최고였습니다.

게다가 생상스는 파리음악원에서 학생들을 교육하면서 자신의 능력을 많은 제자와 후배에게 나누어주었고 프랑스 클래식 음악을 발전시키는 데 노력한 사람입니다.

이러한 프랑스의 천재 작곡가가 남긴 최고의 명작 중 하나가 바로 교향곡 3번 〈오르간〉인데요, 먼저 오르간이란 어떤 악기인지 알아보겠습니다.

큰 교회나 성당을 가면 벽에 큰 파이프들이 붙어 있는 웅장한 악기를 보셨을 겁니다. 바로 '파이프 오르간Pipe Organ'입니다. 오르간은 피아노처럼 건반을 누르며 소리 내는 건반악기이지만 소리를 내는 방식이 피아노와는 달리 악기에 달려 있는 파이프에 바람을 보내어 관이 진동하며 연주되는 악기입니다.

각 파이프는 손가락으로 누르는 건반과 발로 밟는 건반, 그리고 여러 가지 스탑Stop 버튼을 통해 바람이 공급됩니다. 오르가니스트를 보면 손과 발 모두 사용하고 소리의 음색 변화를 위해 스탑을 다양하게 바꾸어야 하기 때문에 매우 바쁜 모습을 볼 수가 있습니다. 여러모로 연주자에게는 어려운 악기인 듯합니다.

교회의 역사는 오르간과 함께했다고 할 수 있습니다. 교회의 구석구석을 가득 채우는 오르간의 웅장하고 큰 음향은 신자들이 주님을 향한 마음이 하느님께 닿을 수 있다고 믿게 했습니다.

    사이즈를 보나 음향으로 보나 모두 거대한 오르간은 거의 대부분 독주 악기로 연주됩니다. 이러한 오르간을 사용하여 천재 작곡가는 관현악과 함께하는 교향곡을 탄생시킵니다. 개인적으로 이 작품이 베토벤의 마지막 교향곡 〈합창〉 다음으로 놀라운 작품이라 생각합니다.

    생상스는 〈오르간〉을 작곡한 후, '자신의 모든 것을 바쳤고 이 작품에서 얻은 만족감은 다시는 얻지 못할 것이다'라고 말했을 정도로 이 작품에 정성과 열정을 다했습니다. 생상스 개인의 인생에 있어 마지막 창작 도전이었고, 음악 인생에 있어서는 최고의 걸작이었습니다. 그리고 후대에 길이 남을 음악 유산이었습니다.

    당시 독일과 오스트리아 작곡가들의 교향곡과 비교했을 때 프랑스에는 대적할 만한 작품이 없다고 평가받던 시기였습니다. 하지만 생상스의 〈오르간〉은 프랑스 교향곡의 진가를 제대로 발휘하며 프랑스 음악의 위상을 다시 확인시키는 계기가 되었습니다.

    오르간 연주자였던 생상스답게 오르간의 매력을 교향곡에 거침없이 드러냈고 관현악의 절제되고 정제된 미, 웅장함이 최고의 합을 이룬 작품으로 평가받습니다.

    1악장은 '아다지오 Adagio(느리게) – 알레그로 모데라토 Allegro Moderato(보통 빠르게) – 포코 아다지오 Poco Adagio(조금 느리게)', 2악장은 '알레그로 모데

라토 – 프레스토Presto(매우 빠르게) – 마에스토소Maestoso(장엄하게) – 알레그로Allegro(빠르게)'. 곡은 전체 4악장이지만 크게 두 개의 악장 형식으로 되어 있는 작품입니다.

네 개의 악장 중 2악장유튜브 영상 7분 28초 부분과 4악장 도입부에서 관현악과 오르간이 드디어 만나게 되는데요, 관현악 연주만 들어도 관현악의 다양한 음색의 화려한 향연으로 가슴이 벅찹니다. 그런데 여기에 웅장한 오르간까지 더해지니 어떤 것도 비교 못 할 거대함으로 다가옵니다. 오케스트라 연주 중 갑자기 등장하는 오르간의 첫 소리는 막힌 기슴을 확 뚫어주는 듯해 속이 시원해집니다. 그리고 관현악 악기가 지닌 모든 능력이 한 번에 터져나와 불기둥이 하늘로 치솟는 느낌입니다.

관현악과 오르간의 만남과 천재 작곡가가 모든 능력을 다 쏟아부었다는 이유 때문일까요? 이 작품을 감상하면 제가 주저하며 발휘하지 못한 능력이 봇물 터지듯 발산되며 세상에 모습을 드러낼 것 같습니다.

작곡가 베토벤은 거의 모든 후배 작곡가들에게 창작의 불씨를 지펴 더 열심히 작품 활동을 하게 만드는 동기와 자극을 부여했습니다. 이러한 부분까지 생각한다면 베토벤이 클래식 음악사에 남긴 업적은 실로 어마어마하다고 말씀드립니다.

베토벤은 총 아홉 개의 교향곡을 작곡했습니다. 후배 작곡가들에게 '교향곡 작품 아홉 개'라는 숫자는 엄청난 동기부여가 되었습니다. 그중 한 명이 바로 작곡가 슈베르트입니다.

슈베르트에게는 '미완성 교향곡'이라고도 불리는 〈교향곡 8번〉이 있습니다. '미완성'이라고 제목이 되어 있으니 슈베르트의 마지막 교향곡인가 하실 테지만, 이 곡은 전체 4악장 중 3악장 도입부까지만 짧게 작곡된 채 중단된 작품입니다.

그 이유로 여러 가지 설이 있는데, 그중 합리적 추론은 슈베르트에게 건강상의 이유가 있었던 게 아닐까 하는 점입니다. 그가 이 곡을 작곡할 당시 건강이 매우 안 좋다고 친구들에게 보낸 편지가 있어서 슈베르트가 작품 작업하기가 힘들었겠다는 이유입니다.

또 다른 이유는 슈베르트의 롤모델인 베토벤 선생님께서 합창과 오케스트라가 함께 하는 거대한 규모의 〈교향곡 9번〉 작업을 마쳤다는 이야기를 듣고 자극을 받았다는 점입니다.

슈베르트의 〈교향곡 8번〉이 여성적이고 섬세한 감각의 분위기라면, 〈교향곡 9번〉은 남성적이고 웅장한 풍성함을 느낄 수 있는 작품입니다.

이 곡을 작곡하면서 슈베르트는 별다른 창작의 고민 없이 음악적 아이디어가 쉽게 떠올라 바로 악보에 기보하여 작업을 했다고 합니다. 부제 '그레이트 Great'는 슈베르트가 죽고 나서 작품 속에 담긴 예술적 분위기를 생각해 따로 붙혀진 것입니다.

〈교향곡 9번〉은 네 개의 악장으로 구성되어 있습니다. 1악장 느리게 Adagio, 너무 빠르지 않게 Moderto, 2악장은 느리지만 에너지를 가지고 Andante, 3악장은 빠르게 Allegro, 4악장은 힘차고 빠르게 Allegro.

이 작품은 길이가 상당히 긴 곡입니다. 연주 시간이 60분 정도 소요되는데, 스케일이 장대해 연주자에게도 예술적으로 높은 기교를 요구하는 교향곡입니다.

작곡가 베토벤을 언제나 존경했던 슈베르트는 자신도 베토벤처럼 아홉 개의 교향곡을 쓰고 있다라는 만족감 때문이었을까요? 자신의 모든 역량을 쏟아부으며 이 곡을 완성했습니다.

누군가와 비교하면서 자신을 평가하는 것은 좋지 않습니다. 하지만 나보다 우수한 능력을 가져 배울 점이 많고, 긍정적인 영향을 주는 사람을 보며 자신의 부족한 면을 깨닫고 내가 가진 능력을 더욱 향상시킬 수도 있습니다. 좋은 자극은 자기 발전에 긍정적인 영향을 주니까요.

여러분도 슈베르트처럼 닮고 싶은, 그리고 성장하는 데 도움이 되는 롤 모델이 있으신가요?

기분이 좋을수록 실력 발휘도 잘되니까

자크 오펜바흐: 오페레타 "천국과 지옥" 중 '캉캉'

J. Offenbach: Operetta "Orphée aux Enfers", 'CanCan'

자크 오펜바흐Jacques Offenbach, 1819~1880는 프랑스의 작곡가이자 첼로 연주자입니다. 오펜바흐는 재미있고 유쾌한 줄거리를 가진 대본에 음악을 입힌 즐거운 오페라를 주로 작곡했습니다. 코메디 Comedy로 사람들을 활짝 웃게 만드는 줄거리에 들어맞는 신나고 경쾌한 곡을 작곡했지요.

오페라보다 내용이 가볍고 길이가 짧으며 주로 해피엔딩으로 마무리되는 장르인 오페레타Operetta 〈천국과 지옥〉은 그의 대표적인 작품으로 그리스 신화 오르페우스와 에우리디케를 재미나게 풍자해서 묘사한 오페레타입니다. 신화 속에서 오르페우스와 에우리

디체는 서로 사랑하는 사이라고 알려져 있지만 그의 작품 속에서는 두 사람이 결혼하고 시간이 좀 지나 서로 권태기에 들어선 부부의 모습으로 묘사됩니다. 내용만 보아도 풍자적입니다.

일단 신화 속의 절대적인 사랑을 인간의 결혼생활에 빗대는 것부터 재미나고, 권태기에 빠진 두 신의 모습을 당시 귀족들의 모습으로 대변한 점에서 작곡가의 위트와 재치가 돋보이는 작품입니다.

이런 풍자가 가득하고 코믹한 내용의 피날레는 빠른 템포의 음악에 맞추어 무용수들이 발을 높이 차 올리거나 빙빙 돌며 신나게 춤을 추는 '캉캉Cancan'의 춤곡을 넣었습니다.

캉캉은 우아하고 고풍스러운 춤과는 전혀 거리가 멉니다. 여자 무용수들이 치마를 들어 올려 펄럭이면서 춤을 춥니다. 작품에서는 신들이 모여 떠들썩한 연회를 열고 춤을 추는 장면에서 사용되었습니다. 외설적이라고 하는 캉캉 춤을 극 안에서는 작곡가의 뛰어난 슬기로 전혀 부담감 없이, 재미와 흥겨움만 느껴지도록 만들어 놓았습니다.

캉캉 음악이라면 몇백 년이 지난 지금도 사람들 머릿속에 오펜바흐의 〈캉캉〉으로 각인되었으니 오펜바흐 작품의 영향력이 놀랍습니다.

빠른 속도의 짧은 곡이지만 길이와 상관없이 유쾌한 에너지를

충분히 선물 받습니다. 게다가 기분이 너무 좋아져서 저도 최선을
다해서, 최대한의 능력을 발휘해야지 하는 자신감 또한 선물 받았
네요.

남과 비교할 수 없는 독창성

모리스 라벨: 피아노 협주곡, 작품번호 84

M. Ravel: Piano Concerto, M.84

집중력 파트에서 감상했던 〈볼레로〉기억하시나요? 프랑스 작곡가 라벨은 작곡가뿐 아니라 피아니스트로도 유명했습니다. 특히 라벨은 미국에서 열광하며 인기가 많았습니다.

그래서 당시 미국의 공연기획자들은 라벨을 초청하여 콘서트를 만들고자 애썼다고 합니다. 그런데 라벨은 미국에서 연주하는 것을 수락하기 위한 조건으로 한 가지를 내걸었는데, 바로 매일 재즈를 연주하는 공연장에 자신을 데려가 달라는 것이었습니다.

미국 재즈 음악에 흠뻑 빠졌던 라벨은 자신의 음악에도 재즈 음악 색채가 가득 농축된 작품을 만들어냅니다. 라벨의 천재적인 관현악법과 재즈의 감성이 더해져 신비하면서 아름다운 작품, 〈피아노 협주곡〉 작품번호 84입니다.

이 곡은 모두 세 개의 악장으로 구성되어 있는데요, 1악장 시작부터 놀라움의 연속입니다.

1악장^{Allegro(빠르게)}은 땅을 내려치는 소리를 내는 타악기 연주로 시작됩니다. 그리고 이어서 피아노의 빠르고 경쾌한 선율로 화려한 음악 진행이 펼쳐집니다. 재즈 음악에서 음과 음 사이를 미끄러지듯 내려오는 글리산도^{Glissando} 주법이 관악기 사이에서 주고받아 연주되면서 아름나움과 신비함의 세계로 인도합니다. 점차 강렬하고 쾌활한 분위기로 고조되면서 화려함의 극치를 선사합니다.

이어 2악장^{Adagio(느리게)}는 1악장의 분위기와는 정반대로 감미로움과 우아함의 여운을 느끼게 하는 정적인 악장이지요. 마지막 3악장^{Presto(매우 빠르게)}은 2악장의 정적인 고요함을 금관악기와 팀파니 연주로 분위기를 전환시키며 음표들이 모두 살아서 춤을 추는 듯한 생동감이 느껴지는 악장입니다.

라벨의 〈피아노 협주곡〉은 프랑스의 섬세하고 예민한 음악 감각과 라벨의 독특한 음악 색채 그리고 미국 재즈 음악의 짙은 감성이 한곳에 어우러진 작품입니다. 전혀 들어보지 못한 신선한 독창성을 음악에 발휘한 라벨의 능력에 감탄하며, 어제보다 오늘 더 좋은 연주를 하는, 안주하지 않는 음악가가 되리라 다짐합니다.

6 스트레스,
지혜롭게 잘 다루기

1~5장에서는 우리의 능력을 향상시키고, 실용적이고 직접적으로 도움을 주는 음악을 추천해 드렸습니다. 6장부터는 여러분의 지친 마음을 달래드리고자 합니다. 선율이 마음속을 촉촉히 적시는 감동의 빗방울이 되길 바라며 클래식 음악으로 치유와 위로, 위안을 드리고 싶습니다.

　　'스트레스는 만병의 근원'이라는 말이 있습니다. 도대체 스트레스는 무엇이기에 병을 일으키는 요인이라고 하는 걸까요?

　　그래서 스트레스란 무엇인지 찾아보았습니다. 외부에서 어떠한 압력을 받으면 불안, 흥분, 긴장 등을 심리적으로 일으키는데 여기서 벗어나 다시 제자리로 돌아오려고 하는 반작용이 스트레스라고 합니다. 그러니까 압박을 가하는 요인을 극복하려고 스스로 애쓰는 심리 상태인 것이죠. 이렇게 심리적 자극에 맞서고자 하다 보면 당연히 신체에서도 반응이 나타날 것이고, 여러 증후군 Syndrome이 생기는 것입니다.

스트레스 증후군으로는 음식을 먹고 소화가 안 된다거나, 호흡이 곤란해지고 두통이 잦거나, 근육이 경련을 일으켜 각종 염증이 생기는 경우 등이 있습니다. 여러분은 스트레스를 받으면 어떤 증후군이 나타나나요?

스트레스 없이 삶을 살아가는 분은 없을 것입니다. 저의 스트레스 증후군은 편두통이 심해지고, 피부염과 구내염으로 고생을 하는 것이지요. 소화가 잘 안되기도 합니다.

스트레스를 과도하게 받을 때, 저를 압박하는 요인이 무엇인가 생각해봅니다. 지금 처한 환경이나 상황 그리고 생활 습관을 돌이켜보죠. 스트레스는 몸과 마음의 건강을 모두 무너뜨리는 위험한 존재이기 때문입니다.

물론 삶에서 적당한 스트레스가 필요하기도 합니다. 적당한 스트레스는 긴장감과 집중력을 끌어 올려줍니다. 저는 연주자라서 이 점에 아주 공감합니다. 적당한 긴장감은 연주에 더욱 몰입하게 하여 연주 때 실수를 줄이고, 음악적으로도 예민하며 섬세하게 감정을 살릴 수 있게 합니다. 의학적으로도 교감신경계가 활성화되어 아드레날린과 노르아드레날린이 분비되어 순간 집중력을 높힌다고 합니다.

삶은 무엇이든 알맞은 균형을 맞추는 것이 중요합니다. 하지만 스트레스를 받는 것에 적당한 밸런스를 맞추어 살아가긴 말처럼 쉽지 않습니다. 우리 몸을 망치는 스트레스. 어떻게 하면 삶 속에서 받는 스트레스를 완화하며 정신뿐만 아니라 신체의 건강도 지키며 살 수 있을까요?

스트레스를 푸는 여러 방법이 있겠죠. 운동, 여행, 산책, 맛집 방문하기 등 각자 나름대로 스트레스를 줄이는 처방이 있을 거예요.

저는 클래식 음악 감상을 추천하고자 합니다. 좋은 음악을 감상하는 것은 우리의 뇌파를 안정시키고 차분하게 해줍니다. 뇌파의 안정은 스트레스를 부드럽게 완화해주죠. 이러한 영향으로 긴장으로 경직되었던 근육도 부드럽게 풀리며 가파르게 뛰었던 호흡도 편해집니다.

여러분, 클래식 음악으로 우리의 고질병인 스트레스를 한번 이겨내 보시겠어요?

스트레스를 한 방에

표트르 일리치 차이콥스키: 서곡 '1812년'

P.I. Tchaikovsky: Overture '1812'

표트르 일리치 차이콥스키Pyotr Ilyich Tchaikovsky, 1840~1893는 19세기 러시아를 대표하는 작곡가입니다. 러시아 음악의 서정성은 한국인의 정서와도 잘 맞아 많은 분이 차이콥스키의 작품을 좋아라 하십니다.

차이콥스키는 러시아의 민족 정서와 서유럽의 음악 감각을 잘 혼합해서 자신만의 서정적이고 정열적인 낭만을 악보에 음표로 녹여냈습니다.

차이콥스키는 교향곡, 협주곡, 발레, 피아노 솔로곡, 오페라 등 다양한 장르에, 많은 작품을 남겼습니다. 그중 스트레스를 한 방에 날려버리는 좋은 곡이 있어 함께 감상하려 합니다. 그 곡은 바로 서곡 〈1812년〉입니다.

1812년, 러시아는 프랑스 나폴레옹의 침공을 받게 됩니다. 프랑스군과 러시아군의 피나는 결투 끝에 러시아가 승전고를 울리게 되죠. 이 벅찬 승리의 기쁨을 훗날 러시아 국민들과 함께 기념하고 기억하기 위해 작곡한 작품이 서곡 〈1812년〉입니다.

이 곡은 오케스트라 공연 프로그램 중 오프닝 곡으로 주로 사용됩니다. 연주회용 서곡으로, 단악장으로 작곡된 오케스트라를 위한 작품입니다. 작곡의 배경으로 인해 곡의 분위기는 힘찬 희망으로 가득합니다.

이 곡의 아주 특별한 점이 있습니다. 바로 작품 속에 대포가 등장한다는 것입니다. 오케스트라 연주에 대포라니? 너무 안 어울리는, 상상도 못 할 조합이지요?

차이콥스키가 의도한 대로 실제 대포를 사용하며 연주하려면 공연장 안에서는 불가능합니다. 그래서 야외에서 연주가 가능한 곡입니다. 하지만 공연장에서 이 곡을 연주할 때는 대포를 대신하여 타악기가 연주하거나 실제 대포 소리를 녹음해서 스피커로 들려주며 음향효과를 내는 경우도 있습니다.

차이콥스키는 음악 안에서 대포를 사용하는 것에 진심이었습니다. 왜냐하면 전쟁 승리의 벅찬 감격과 승전고를 울리는 당시의 생생한 모습을 표현하고 싶었던 거죠.

그래서 악보를 보게 되면 대포가 몇 번, 언제 발포해야 하는지에 대한 자세한 지시가 기보되어 있습니다. 제가 유튜브 링크(QR 코드)로 이 곡을 넣어놨는데요, 물론 처음부터 감상하면서 대포 소리가 언제 나오는지 기대하며 들으시면 좋겠으나, 대포 소리를 딱 짚어서 듣고 싶으시다면 10분쯤 되는 시점에서 들으시면 야외 공연장에서 울리는 시원한 대포 소리를 들으실 수 있습니다.

서곡 〈1812년〉은 러시아 정교회의 찬송가 〈하나님의 보호하심을 받는 자〉의 멜로디와 함께 러시아 민요들이 중간에 연주됩니다. 섬세하면서 정교하고 감각적인 느낌이 물씬 담겨 있는, 마음을 편안히 안정시켜주는 음악 진행입니다. 정교회의 성가 선율이 평화로운 분위기를 만들어줍니다.

이처럼 서정적이고 편안한 멜로디와 치열하게 싸우는 전쟁의 모습이 담긴 빠른 음형이 섞이며 음악 안에서 서사적으로 펼쳐집니다. 곡의 마지막 부분에 도달해서는 프랑스군의 패배와 함께 러시아의 승리를 알리는 종소리가 울려 퍼지다가 드디어 오케스트라의 연주에 맞추어 힘찬 대포 소리가 울려 퍼지죠. 그리고 드라마틱하고 웅장하게 마무리합니다.

이 곡은 전체를 다 감상해도 15분 정도밖에 걸리지 않습니다. 곡의 멜로디를 쭉 따라가다보면 신기하게도 불안했던 마음이 안정됩니다. 그리고 그동안 짓눌렸던 압박과 긴장감이 대포의 시원한 발사 소리와 함께 하늘 높이 날아가는 것 같습니다. 그리고 희망의 종소리가 드디어 스트레스에서 벗어났음을 알려주며 통쾌함과 기쁨의 만족감을 느끼게 합니다.

스트레스를 한 방에 시원하게 풀고 싶으신가요? 그렇다면 차이콥스키 서곡 〈1812년〉보다 좋은 추천곡은 없을 것 같습니다.

동심의 세계로

표트르 일리치 차이콥스키: 발레 "호두까기 인형" 중 '꽃의 왈츠'

P.I. Tchaikovsky: "The Nutcracker", 'Waltz of the Flowers'

앞서 소개한 러시아 작곡가 차이콥스키는 발레 음악의 거장이라 불리기도 합니다. 보통 발레 음악은 춤을 추기 위한 부수 음악으로 인식되어 왔습니다. 그런데 차이콥스키가 작곡한 발레 음악은 무용수들의 춤에 배경음악으로 깔리는 것이 아니라 음악이 전면에 더 부각되었다고 합니다.

차이콥스키는 자신의 음악이 무언가의 배경음악, 보조 역할을 한다는 것이 싫었을 것입니다. 그래서 춤을 출 때만 사용되는 것이 아니라 독립적으로 연주되어도 전혀 손색없는 발레 음악을 만들었습니다.

그래서 러시아 안무가들이 처음에 고생을 했다고 합니다. 음악이 안무보다 더 뛰어난 수준이다 보니 처음 무대에 올렸을 때 공연장에 온 관객들이 무용수들의 발레는 눈에 안 들어오고 차이콥스키 음악만 귀에 들어왔다고 합니다. 그래서 높은 음악 수준에 부합하기 위해 안무에 대해 더 고민하고 노력했다는 이야기가 있습니다.

차이콥스키의 3대 발레 음악은 〈백조의 호수〉, 〈잠자는 숲속의 미녀〉 그리고 〈호두까기 인형〉입니다. 그중 〈호두까기 인형〉은 전 세계적으로 송년, 크리스마스 시즌에 공연장마다 올리는 단골 프로그램입니다.

작품의 배경은 크리스마스이브입니다. 크리스마스 전날 주인공의 꿈 속에서 벌어지는 판타지 내용에 맞게 무대는 신비로운 배경과 분위기로 가득합니다. 이런 이유로 송년이 되면 가족끼리 함께 보는 프로그램으로 안성맞춤이었고, 크리스마스와 송년 레퍼토리가 된 거죠.

차이콥스키는 전체 발레 작품 중에서 여덟 개의 춤곡만 뽑아서 모음곡으로 발표하기도 했습니다. 이 모음곡은 '1.〈작은 서곡〉, 2.〈행진〉, 3.〈설탕 요정의 춤〉, 4.〈러시아 춤〉, 5.〈아라비아 춤〉, 6.〈중국 춤〉, 7.〈갈잎 피리의 춤〉, 8.〈꽃의 왈츠〉'로 구성되어 있습니다.

모음곡 중 마지막 8번 곡 〈꽃의 왈츠〉를 추천합니다. 이 곡은 금관악기와 현악기의 멋진 앙상블로 시작하여 하프 독주 연주와 함께 환상적인 느낌을 선사합니다. 그리고 3박자 왈츠풍의 유쾌한 느낌으로 관악기와 현악기가 기분 좋은 대화를 하듯 선율을 주고받으며 화려하게 연주합니다. 왜 차이콥스키가 이 작품을 자신의 모음곡 중 마지막 곡으로 선택했는지 짐작이 갑니다.

이 곡을 듣고 있으면 〈호두까기 인형〉 속 주인공이 되어 동화 속으로 빠져듭니다. 순수한 어린 시절, 동심의 마음으로 돌아가게 되죠.

순수하고 해맑은 어린 아이가 되고 나니 어깨를 무겁게 짓누르고 있던 고민들이 하나씩 떨어져나가는 기분입니다. 음악이 모두 끝나고 나면 좋은 꿈을 꾸고 깊은 잠에서 깨어난 듯합니다. 그리고 기분이 날아갈 듯 개운해진 자신을 마주하게 될 거예요.

왈츠에 몸을 싣고 가볍게

요한 슈트라우스 2세: 아름답고 푸른 도나우강
J. Strauss II: An der schönen blauen Donau

제가 스트레스를 해소하기 위해 자주 하는 루틴이 있습니다. 바로 걷기입니다. 차로 주로 이동을 하기 때문에 시간을 내지 않으면 은근히 걷기가 쉽지 않습니다.

그래서 일부러 가까운 거리는 걸어서 가려고 노력합니다. 연주나 강의가 없는 날, 대중교통을 이용하면서 걷는 시간을 무조건 만들죠. 그리고 일찍 눈을 뜬 아침이면, 집에서 가까운 한강 고수부지를 걷고는 합니다.

언제나 변함없이 유유히 흐르고 있는 한강 물결을 보며 걸으면, 혼란스럽고 어지러운 제 마음과 아무 상관없이 평화로운 세상을 발견하게 됩니다. 그러다 보면 저를 잡아당기고 있던 압박감이 조금씩 느슨해지며 마음이 한결 부드러워지고 여유가 생깁니다. 시원한 강바람이 불어오는 날이면 얼굴에 부딪히는 바람에 정신도 차리게 됩니다.

그렇게 한 시간가량 걷고 돌아오는 길은 발걸음도 가볍습니다. 그리고 아등바등하며 무언가에 쫓기며 사는 저의 마음이 훨씬 부드러워지고 공간이 생기는 것 같아요.

이런 여유를 자주 만들고 싶은데 그러지 못할 때가 더 많습니다. 걷기를 통해 스트레스 해소를 하지 못하는 안타까운 마음을 저는 음악으로 대신하는데요, 한강은 아니지만 강을 소재로 한 음악을 들으며 대신 스트레스를 풉니다. 제가 선택한 음악은 요한 슈트라우스 2세 Johann Baptist Strauss II, 1825~1899 의 〈아름답고 푸른 도나우강〉입니다.

오스트리아에서는 매년 새해가 되면 오스트리아의 자랑인 '빈 필하모니 오케스트라'가 새해의 행복을 빌며 신년 음악회를 합니다.

빈 필하모니 오케스트라의 신년 음악회는 1939년에 시작하여 지금까지 이어져 신년 음악회의 상징이 되었습니다. 신년 음악회는 실황 연주가 녹화되어 전 세계인이 영상으로 콘서트를 관람할 수 있습니다.

그리고 상임 지휘자가 따로 없는 빈 필하모니 오케스트라를 신년 음악회에 지휘하는 지휘자는 요즘 가장 핫한, 그야말로 인정받는 지휘자라고 할 정도라네요.

오스트리아를 대표하는 신년 음악회 프로그램에 항상 빠지지 않고 등장하는 오스트리아 작곡가는 바로 '왈츠의 아버지'라 불리는 요한 슈트라우스^{Johann Baptist Strauss I, 1804-1849}와 그의 아들 요한 슈트라우스 2세입니다.

19세기 오스트리아 비엔나^{'빈'의 영어 이름}에서는 '비엔나풍 왈츠'가 인기를 끌었는데 품위와 우아함을 겸비한 춤이었습니다. 요한 슈트라우스와 그의 아들은 유행하는 왈츠 춤을 위해 음악을 작곡했고, 그들의 작품은 비엔나 왈츠와 함께 비엔나의 상징이 되었습니다.

신년 음악회는 두 사람의 작품 외에도 다른 작곡가들의 왈츠 음악으로만 채워져 있습니다. 처음부터 끝까지 왈츠 음악의 향연이죠.

작품 제목인 〈아름답고 푸른 도나우강〉의 도나우^{Donau}강은 독일에서 물줄기가 시작하여 흑해로 흘러가는 길고 긴 강입니다. 강이 흐르며 빈을 관통하여 오스트리아 역사의 흐름과 함께하고 있습니다.

이 작품은 발표하자마자 어마어마한 인기를 얻었다고 하죠. 선율도 너무 아름다운 데다가 격조 있고 품위가 넘치는 완성도 높은 작품입니다.

이 곡을 작곡했을 당시 오스트리아는 1866년 전쟁에 패배하여 국가 전체가 침통한 분위기였습니다. 이렇게 암울한 환경 속에서 작곡하여 발표한 곡이 〈아름답고 푸른 도나우강〉입니다.

어두운 좌절 속에서 힘들어하는 국민들에게 지금은 힘들지만 여전히 아름답고 푸른 강이 흐르는 낭만적인 나라에 우리는 살고 있으니 모두 다시 힘을 내어 이겨내자는 응원의 메세지를 음악에 담은 것 같습니다.

작곡가의 의도 때문에 더 그런가요? 왈츠풍 리듬에 맞추어 선율의 물줄기를 따라가며 걷다 보면 힘들었던 마음이 조금씩 풀리는 듯합니다. 그리고 몸과 마음이 가벼워지죠. 여러분도 음악의 강을 따라 걸어보세요.

오늘도 수고했어요

주세페 베르디: 오페라 "라 트라비아타" 중 '축배의 노래'
G. Verdi: Opera "La traviata", 'Libiamo ne lieti calici'

마시자 마시자, 축배의 아름다운 꽃으로 장식했다네.

마시자, 달콤한 전율 속에 사랑을 일으킨다네.

마시자, 잔과 함께라면 사랑은 좀 더 뜨거운 입맞춤을 얻으리라.

아, 즐기자, 술잔을, 노래를, 아름다운 밤과 웃음을.

이 낙원 속에서 우리에게 새로운 날이 밝아온다. 삶은 즐거움.

아, 즐기자, 술잔을, 노래를, 아름다운 밤과 웃음을.

우리에게 새로운 날이 밝아 온다.

스트레스를 푸는 저의 또 다른 루틴 중 하나는 '맛집 투어하기'

입니다.

스트레스가 많은 날, 더욱 맛집 검색하기에 열심인 저를 발견하기도 하죠. 맛있는 음식과 함께 반주로 먹는 맥주 한 잔과 와인 한 잔은 어깨 위에 차곡히 쌓인 스트레스의 무게를 조금씩 덜어냅니다. 여기에 대화 잘 통하는 벗까지 함께 한다면 더할 나위 없이 좋겠죠.

이탈리아 작곡가 베르디의 오페라 〈라 트라비아타〉는 프랑스 소설가 알렉상드르 뒤마 필스Alexandre Dumas fils의 소설을 바탕으로 하여 만들어졌습니다. 게다가 이 오페라는 1948년 국내에서 처음으로 공연된 최초의 오페라라고 하네요. 우리나라 오페라 역사에 특별한 의미도 가진 작품입니다.

베르디는 잠시 파리에 머무는 동안 뒤마 필스의 작품을 알게 되고, 원작 내용을 충실히 반영한 음악 작업에 들어갑니다. 하지만 이 오페라는 초연하고 나서 혹독한 악평을 받게 됩니다. 오페라 속 여주인공 비올레타는 결핵을 앓아 창백하고 바람 불면 곧 쓰러질 것 같은 가녀린 이미지의 주인공이었는데 주인공 역할을 맡은 소프라노 성악가는 전혀 상반된, 건강한 모습을 하고 있어 관객이 극에 몰입할 수 없었다고 합니다.

그리고 당시 다른 작곡가들의 오페라 작품은 신화나 역사 속의 인물 묘사와 배경을 줄거리로 했는데 〈라 트라비아타〉는 파리 사교계의 여인 비올레타와 귀족 알프레도가 신분 차이로 인해 절대 이루어질 수 없는 사랑 이야기를 담고 있었죠. 당시 사람들은 이러한 내용에 거부반응을 보였고 흥행에 실패했습니다.

베르디는 이 작품을 초연한 후 스토리를 약간 수정하고 음악도 조금 바꾸어서 다시 발표를 했고, 다행히 대성공을 합니다.

중창 '축배의 노래'는 오페라 1막에 나오는 아리아로 파티에 참석한 주인공들이 서로 기쁨을 나누며 파티를 맘껏 즐기자며 경쾌하게 부르는 노래입니다.

이 음악은 피곤한 하루를 마치고 친한 친구를 만나 술잔을 부딪칠 수 있는, 맛있는 음식이 준비된 식당으로 여러분을 초대합니다. 스트레스 잔뜩 받은 고된 하루였지만 고생한 나를 칭찬해주고 축배를 들며 오늘을 마무리하게 되실 거예요.

행운의 보따리가 그대 품 안에

프란츠 레하르: 오페레타 "유쾌한 미망인" 중 이중창 '입술은 침묵하고'
F. Lehár: Operetta "The Merry Widow", Duet 'Lippen schweigen'

프란츠 레하르Franz Lehar, 1870~1948는 헝가리 출신의 작곡가입니다. 헝가리에서 활동하다 오스트리아 빈으로 이주해 정착하여 음악 활동을 한 작곡가입니다.

그는 오페라보다는 규모가 작고 희극의 내용을 담은 오페레타 〈유쾌한 미망인〉을 발표합니다. 19세기 말 오스트리아에서 선풍적인 인기를 끌었던 비엔나 왈츠풍의 음악 분위기와 사랑과 재미를 담아 감각적인 3막의 오페레타 작품을 탄생시키죠.

함께 감상할 오페레타 속 이중창은 주인공 한나의 옛사랑이었던 다닐로가 함께 부르는 노래입니다. 남편을 일찍 보낸 한나의 재

산을 보고 많은 청혼자가 몰려듭니다. 다닐로는 여전히 한나를 사랑하지만 돈 때문에 그녀를 사랑한다는 소리를 듣기 싫어 자신의 마음을 숨기죠. 이 곡은 여러 우여곡절을 겪고 진심을 담아 다닐로가 한나에게 청혼하며 부르는 노래입니다.

입술은 침묵하고, 바이올린은 속삭이네.

나를 사랑해주오. 모든 발걸음마다 말합니다.

제발 나를 사랑해주오.

모든 왈츠의 발자국과 함께 영혼도 춤을 춥니다.

꼭 잡은 손마다 분명히 보여줬지. 나는 알고 있다오.

그대 날 사랑한다고.

주인공 다닐로가 간절히 바라던 사랑을 얻게 되고, 제목처럼 '유쾌하게' 결말이 나는 작품입니다.

작곡가 레하르는 이 오페레타를 발표하고 일약 스타덤에 올랐다고 하죠. 심지어 부와 명예를 동시에 거머쥐어 백만장자 작곡가가 되었다는 이야기도 있습니다.

오페레타 속 주인공들 사이에 생기는 갈등과 문제는 오래가지 않고 금방 해결을 보는데요, 마치 엉킨 실타래가 한 번에 풀리듯 명쾌한 느낌입니다. 덩달아 좋은 기분이 작품을 감상하는 내내 유지됩니다.

긍정적인 내용과 환하게 빛나는 밝음으로 가득한 곡을 탄생시킨 작곡가에게도 행운이 찾아온 것일까요? 레하르의 음악은 우리에게 행운의 보따리를 한 개씩 안기며 우리가 가지고 있던 근심, 걱정의 보따리와 맞바꿔줄 거예요.

Relax, 긴장을 풀어요

조아키노 로시니: 두 고양이를 위한 유쾌한 듀엣

G. Rossini: Song 'Duetto buffo di due gatti'

여러분 중 반려동물과 함께하시는 분이 계시나요? 강아지, 고양이, 앵무새, 거북이, 금붕어 등 좋아하는 동물을 친구 삼아 가족처럼 한집에 지내는 분들 많으실 겁니다.

저는 강아지 두 마리를 키우며 살고 있었어요. 그중 한 마리, 이름은 '봄이'였던 강아지가 열네 살이 되어 작년에 저와 작별을 했답니다. 강아지도 사람처럼 나이가 드니 여기저기 아픈 곳이 많아지더라고요. 그래서 병으로 힘들어하다가 하늘나라로 갔습니다. 저도 모르는 사이 어쩌나 정이 들었는지 봄이가 저를 떠나고 오랜 시간 힘들었던 기억이 생생합니다.

정도 정이지만 몸과 마음이 지치고 힘들 때, 봄이에게 위로를 많이 받았습니다. 연주를 앞두고 스트레스가 많아 긴장감 속에 있을 때 집 안에서 제 앞을 왔다갔다 하며 이름을 부르면 쪼르르 달려오는 봄이를 보고만 있어도 마음이 편해졌습니다. 반려동물과 지내시는 분이라면 제 마음을 아실 거예요.

17세기 유럽에서는 '고양이 음악회'라는 재미난 콘서트가 엄청 인기 있었다고 합니다. 콘서트 제목부터 궁금증을 갖게 합니다. 고양이가 진짜로 공연장 무대에 등장하나? 등장한다면 도대체 고양이들이 무엇을 할까? 궁금하실 거예요.

그런데 고양이가 정말로 등장합니다. 네모난 박스에 열두 개의 구멍을 내고 고양이 꼬리만 나오게 하죠. 그리고 고양이 꼬리를 잡아당겨 고양이가 '야옹' 하고 울면 그 소리에 맞춰 관객들이 노래하는 음악회라고 합니다. 아이디어가 재밌기도 하지만 영문도 모르고 꼬리가 잡아당겨진 고양이들을 생각하니 사람들이 괘씸하기도 합니다.

이탈리아 오페라 히트곡 제조기 로시니는 당시 유행했던 '고양이 음악회'에서 영감을 얻습니다. 그리고 두 마리의 암고양이가 대화하는 모습을 상상하며 오선지에 상상의 날개를 그려 넣습니다.

두 마리의 고양이가 하는 대화는 노래 속에서 어떤 가사일까요? 오로지 '미야우 Miau' 즉 '야옹' 외에 어떠한 가사도 없습니다.

기발한 생각이지요? 사실 이 노래는 로시니가 만든 곡이 아니고, 어느 영국 작곡가가 로시니의 곡 멜로디 이것저것을 붙여서 완성했다고도 하네요. 하지만 최종 발표된 악보는 로시니의 이름으로 출판되어서 어떤 것이 사실인지 증명할 길은 없습니다.

두 명의 성악가가 '미야우' 하며 재미나게 고양이 퍼포먼스 연출까지 하는데 그 장면을 보고 있으면 정말 귀여운 고양이 두 마리가 눈앞에서 재롱을 부리는 듯합니다.

농물 친구들을 음악에서 만나고 나니 입가에 저절로 미소가 지어 집니다. 음악 안에서 고양이들의 재롱을 보면서 긴장을 풀어보세요. 그러고 나면 마음속에 여유가 찾아올 거예요.

화려한 팡파레가 기다리고 있어요

프란츠 폰 주페: 서곡 '경기병'

F.v. Suppé: Overture 'Leichte Kavallerie'

작곡가 프란츠 폰 주페Franz von Suppé, 1819~1895는 오스트리아에서 오케스트라의 지휘자이자 작곡가로 활동했던 음악가입니다. 그는 규모가 작은 오페레타를 무려 200여 곡 넘게 작곡했으며, 대표작으로 〈시인과 농부〉, 〈보카치오〉, 〈경기병〉 등이 있습니다.

그중 오페레타 〈경기병〉은 갑옷을 입고 말을 타는 기병들의 이야기를 담은 작품으로, 초연된 후 현재까지 무슨 이유인지는 알려지지 않은 채, 이 작품을 무대에 올리는 일은 거의 없다고 하죠. 하지만 오페레타의 막이 올라가기 전, 오케스트라만 연주하는 서곡은 지금까지 연주되는 그의 명곡으로 남아 있습니다.

〈경기병〉 서곡의 도입부는 힘찬 관악기 트럼펫과 호른의 팡파레를 울리며 시작합니다. 그래서 한 해가 시작되는 연초나 어떤 행사의 시작을 알리는 배경음악으로 도입부 부분이 종종 사용됩니다.

곡을 들으면 말을 타고 달리는 경기병들이 저절로 연상됩니다. 빠른 속도가 느껴지고 리듬감이 있으면서 시종일관 경쾌하고 밝은 분위기의 작품입니다.

곡을 전체적으로 감상해보면 총 세 개의 부분으로 구성되어 있습니다. 오프닝은 웅장하고 화려한 관악기의 연주 향연으로 시작합니다. 이어서 첫 부분과는 전혀 다른 느낌으로 장엄하고 무거운, 슬픈 애조를 띤 선율이 첼로 파트에서 연주됩니다. 전쟁에 나가 동료를 잃은 경기병의 마음의 상처를 어루만져 주듯 처연한 느낌의 멜로디가 흘러나옵니다. 그리고 이어 첫 도입부에 등장했던 밝고 힘찬 선율이 다시 흐르면서 아픔을 잊고 희망에 찬 에너지를 끌어올리며 화려하게 마무리합니다. 당당한 기백이 넘치는 팡파레의 울림으로 시작하고 또 마무리되는 것이죠.

처음에는 야심 차게, 용기를 가지고 시작한 일이 많습니다. 잘되리라는 희망을 마음에 품고 말이죠. 하지만 시간이 흐르다 보면 모든 일이 마음먹은 대로 되진 않습니다. 여러 문제점이 다가와 장애물이 되기도 하죠. 그러면 처음에 희망으로 가득했던 마음은 사라진 채 답답한 스트레스만이 그 자리를 대신하고 있습니다.

　하지만 우리의 삶은 힘찬 포부로 가득 찼던 처음 시작과 같이, 멋지고 화려한 팡파레를 울리며 성공의 결승점에 골인하여 기쁨을 만끽할 끝이 기다리고 있다는 것을 잊지 마시길 바랍니다. 힘든 시간이 오더라도 조금만 기다려 보세요.

7 우울,
당신은
혼자가 아니에요

'열 명 중 한 명은 평생 한 번 이상 우울증을 경험한다'라는 글을 보았습니다. 글쎄요. 요즘 여러 상황을 보면 열 명 중 한 명 이상이 우울증을 경험하지 않을까 생각합니다.

현대인에게 나타나는 우울증이란, 무기력, 불면, 피로감, 초조함, 불안, 공허감 등을 느끼는 감정으로, 이로 인해 전반적으로 정신 기능이 떨어지며 우리 삶에 직접적인 영향을 끼치는 상태를 말한다고 합니다. 또 나이가 들면서 갱년기 우울증, 노년기 우울증 등을 겪기도 합니다.

의욕이 떨어지거나 기분이 계속 바닥으로 내려가는 경험을 하는 시간이 길어진다면 우울증을 앓고 있다고 자가 진단을 할 수 있습니다.

우울증을 치료하기 위해 의학의 힘을 빌리기도 하겠지만, 음악으로 우울증을 치료하는 '음악 치료법'도 있습니다. 최근 인터넷에서 기사 검색을 하다가 이에 관한 흥미로운 글을 보았습니다. 어느 연구팀이 일반적인 1차 우울증 치료제가 듣지 않는 환자들을 대상으로 뇌가 음악에 어떤 반응을 하는지 연구했다고 합니다.

클래식 음악에 익숙한 정도를 기준으로 하여 참여자들을 두 그룹으로 나누고 2주간 정기적으로 음악을 듣게 했습니다. 결과는 본인이 좋아하는 음악을 감상한 환자들의 우울증 증상이 눈에 띄게 개선되었다고 합니다. 즉 음악을 듣고 느끼는 즐거움이 우울증 회복에 영향을 준 것입니다.

음악은 감정을 전달하고 표현하는 도구입니다. 음악 감상은 우리의 감성을 자극하며 감정 변화에 도움을 주고, 이 변화가 우울증 극복에 긍정적인 도움을 준다는 사실을 더욱 확실하게 보여준 연구 결과였습니다.

여러분, 음악을 많이 즐기며 감상할수록 우울증 예방과 극복에 도움이 되는 건 확실합니다. 그렇다면 우리도 음악 치료, 음악 테라피Therapy 시작해볼까요?

음악에게 안겨요

지오반니 바티스타 비탈리: 샤콘느

G.B. Vitali: Chaconne

저는 오랜 시간 바이올린을 가르치며 많은 학생을 만나 왔습니다. 나이대도 다양합니다. 바이올린을 전공하려는 어린 학생들도 있지만, 바이올린 배우는 것을 취미로 갖고 계신 나이가 지긋한 어른분들도 많습니다. 바이올린 레슨은 주로 1:1 개별지도로 이루어지다 보니 학생과의 유대관계는 그룹으로 하는 교육에 비해 깊은 편입니다.

그래서 학생들과 대화를 많이 하게 되는데요, 때로는 학생들의 고민 상담도 하게 됩니다. 음악교육은 단순히 기술적인 테크닉의 전달과 향상만을 위한 것이 아니라 음악 안에서 다양한 감수성 표현을 하도록 이끌어주어야 합니다. 따라서 정서적인 부분도 매우 중요합니다. 그래서 학생들의 감정 상태와 생각을 잘 알아야 도움이 되는 교육을 할 수 있습니다.

가끔 레슨 때 '저 요즘 우울해요'라고 하는 학생들이 있습니다. 나이에 상관없이 말이죠. 그럴 때마다 자신의 속상한 마음 상태를 누군가에게 알리고, 말하고 싶어한다고 느꼈습니다.

여러 사회관계 속에 사는 우리는 할 말이 있어도 참고, 감정도 숨겨가며 살아야 하는 경우가 많습니다. 이런 환경 속에서 힘든 부분이 있어도 마음 편하게 말할 상대를 찾기는 더욱 힘듭니다. 제 학생들은 자신의 이야기를 하고 싶어 하니 정말 고마울 따름입니다.

세상에서 가장 슬픈 음악이라는 별명을 가진 곡이 있습니다. 바로 이탈리아 작곡가 비탈리 Giovanni Battista Vitali, 1632~1692 의 〈샤콘느〉라는 바이올린을 위한 곡입니다.

작곡가 비탈리는 이탈리아의 바이올린 연주자이자 작곡가로 활동하며, 주로 기악곡 작품을 많이 발표했습니다. 특히 선율악기 두 개, 반주악기 한 개로 구성된 '트리오 소나타 Trio Sonata'라는 장르 발전에 기여하기도 했습니다.

'샤콘느 Chaconne'는 17세기 프랑스와 스페인에서 유행한 춤곡이었습니다. 바로크 시대를 거치며 춤곡이었던 샤콘느는 하나의 주제를 여러 스타일로 변형한 변주곡 형태의 기악곡으로 자리잡게 됩니다.

비탈리는 〈샤콘느〉를 작곡하여 발표하며 자신의 이름을 영원히 남깁니다. 이 작품의 도입부를 들으면 시작부터 애절하고 슬픔이 담긴 음표들의 주제로 연주됩니다. 가슴을 후벼 파는 듯한 아픔이 느껴지죠. 슬픔이 밴 주제를 곡의 전반에 걸쳐 리듬의 변형과 선율의 변주로 풀어가는데, 전체 작품 속에서 밝은 느낌을 주는 멜로디는 전혀 찾아볼 수가 없습니다.

근데 정말 이상합니다. 슬픔이 가득한 곡조이니 이 작품을 감상하고 나면 덩달아 감정이 더 가라앉아야 하잖아요? 그런데 반대의 기분입니다.

바이올린 연주가 조용히 말을 걸어옵니다. 그러면 바이올린의 유려한 선율과 대화를 나누며 제 속마음을 다 털어내는 기분입니다. '많이 힘들고 우울하지? 내가 너의 마음 다 알아' 하며 음악이 따스한 손길을 내밀어 저를 포근하게 안아주고 위로해줍니다. 그 따뜻한 손길에 마음속에 있던 우울한 감정을 다 쏟아내 버립니다.

유명한 바이올린 작품이라 이 곡을 자주 연주하게 됩니다. 때로 저도 마음이 지쳐 힘들고 우울할 때 이 곡을 연주하게 되면 유독 연주가 더 만족스럽고 그래서 더 뿌듯했던 경험이 있습니다. 그리고 연주를 다 하고 나면 한바탕 울고 난 후 속이 시원한 것처럼 힘들고 우울했던 마음이 가벼워진 것 같은 기분입니다.

지금 마음이 많이 힘드시나요? 그럼 음악 친구 〈샤콘느〉에게 속상한 일을 말해보세요. 아무 말없이 손을 꼭 잡아주며 힘든 이야기를 다 들어줄 테니까요.

음악 친구와 여행을 함께

펠릭스 멘델스존: 서곡 '핑갈의 동굴' 작품번호 26
F. Mendelssohn: Overture 'Fingal's Cave', Op.26

우리가 살고 있는 환경을 잠시 바꾸는 것도 기분 전환에 큰 도움이 됩니다. 여행이 그중 하나이죠. 일상생활에서 벗어나 새로운 환경에서 휴식을 취하고 여러 경험을 하고 나면 활력이 다시 찾아오기도 합니다.

만약 음악으로 여행을 떠난다면 어떨까요? 낭만과 설레임이 가득한 최고의 여행 코스 아닐까요?

작곡가 중에서 여행을 다녀온 후 여행지의 느낌을 음악에 고스란히 옮겨온 작곡가가 있습니다. 바로 펠릭스 멘델스존Felix Mendelssohn Bartholdy, 1809~1847입니다.

19세기 독일을 대표하는 작곡가 멘델스존은 부유한 가정에서 태어나 풍족한 생활을 하며 음악 활동을 했던 작곡가입니다. 세련된 사교성으로 많은 예술가와 교류했고 선배 작곡가들의 작품을 다시 부활시키는 역할도 톡톡히 했지요.

그렇게 부활한 작곡가 중 하나가 바흐입니다. 바흐가 죽고 나서 100년 가까이 잊힌 그의 음악을 다시 무대에 올리며 지금까지 바흐의 명성이 이어지게 한 장본인이죠.

멘델스존도 음악가로 살면서 여러 힘든 일에 부딪혔을 거예요. 그럴 때마다 잠시 머리를 식히고 싶었을 것입니다. 여행을 통해 다시 충전을 하고 그 힘으로 새로운 창작을 계속 이어갔겠죠.

멘델스존은 1829년 영국 여행을 하게 됩니다. 영국까지 이왕 온 김에 스코틀랜드까지 여행하기로 마음을 먹습니다. 그래서 다시 배를 타고 여행길에 오릅니다. 배로 가는 바닷길은 쉽지 않았습니다. 심한 폭풍우를 헤치며 오랜 시간 배를 타야만 했죠. 그동안 멘델스존은 뱃멀미를 심하게 했다 합니다. 거의 실신 직전까지 갔다고 하니 힘겨운 여행길이었을 거예요. 이런 우여곡절을 거쳐 겨우 섬에 도착합니다.

가까스로 섬에 도착했을 때 눈앞에 펼쳐진 광경은 멘델스존의 영혼을 뺏어갑니다. 자신의 눈을 의심했다고 해요. 멘델스존을 놀라게 한 곳은 바로 '핑갈의 동굴'입니다.

핑갈의 동굴은 스코틀랜드 북서쪽 헤브리디스 제도에 있는 곳으로, 스코틀랜드 전설에 등장하는 영웅의 이름을 딴 동굴이지요. 기둥으로 둘러싸여 있어서 거대한 홀의 모습을 하고 있습니다. 그래서 동굴 속에서 듣는 파도 소리가 마치 대성당의 파이프 오르간의 웅장한 울림처럼 들린다고 하네요.

멘델스존은 영원히 잊지 못할 감명을 남긴 여행의 기억을 음악으로 남기기로 결심합니다. 그리고 오케스트라를 위한 〈핑갈의 동굴〉을 작곡힙니다.

이 곡이 초연되고 나서 많은 사람이 '바다의 위엄을 연주회장으로 옮겨왔다'라고 말했다고 합니다. 또 어떤 사람들은 '음악으로 풍경화를 그린 것 같다'고 평가했다 하죠.

끝이 안 보이는 푸른 바다, 넘실거리는 파도, 바위에 부딪히는 파도 소리, 바다 내음을 한껏 품은 바닷바람, 바다 위를 비추는 눈부신 햇살, 그리고 끝없는 바다 위를 날아다니는 바닷새들….

이 작품을 감상하면 음악을 귀로 듣는 것이 아니라 바다를 찍어놓은 사진이나 바다의 정취를 그린 풍경화를 보는 기분입니다.

스코틀랜드와 핑갈의 동굴. 과연 저는 언제 그곳에 가서 멋진 광경을 볼 수 있을지는 모르겠습니다. 하지만 여행을 못 가더라도 아쉽지는 않을 것 같습니다. 멘델스존이 음악으로 대신 데려가 주 니까요. 여러분, 음악 여행 떠날 준비 되셨나요?

슈만의 손을 잡고

로베르트 슈만: 어린이의 정경, 작품번호 15

R.Schumann: Kinderszenen, Op.15

독일의 작곡가 로베르트 슈만^{Robert Alexander Schumann, 1810~1856}은 우울증을 심각하게, 오랫동안 앓았던 작곡가입니다. 우울증이 점점 심해져서 일상 생활을 하기 힘들게 되었고, 스스로 병원을 찾아가 입원한 작곡가입니다.

슈만은 독일의 낭만주의 정신을 계승한 작곡가, 피아니스트 그리고 평론가였습니다. 음악가로도 유명하지만 사랑꾼, 최고의 로맨티스트였던 그의 사랑 이야기는 슈만을 이야기할 때 빼놓을 수 없는 부분입니다.

슈만은 피아노를 가르쳐준 스승인 프리드리히 비크^{Friedrich Wieck,}

^{1785~1873}의 딸이자 당시 최고의 여성 피아니스트였던 클라라^{Clara} ^{Josephine Schumann, 1819~1996}와 사랑에 빠졌지요. 하지만 비크 교수의 강력한 반대에 부딪히게 되죠. 비크는 어딜 가더라도 자신의 딸과 슈만은 절대 이루어질 수 없다며 말하고 다녔다고 합니다. 하지만 슈만은 비크 교수의 강력한 반대에도 결코 자신의 사랑을 포기하지 않았고 클라라와 결혼합니다.

음악가로도 성공하고 사랑도 쟁취한 그에게 불행하게도 고통이 찾아옵니다.

나는 무서운 우울증에 시달리고 있다.

미칠지도 모르겠다는 생각이 나를 사로잡는다.

그가 일기장에 써놓은 글귀입니다. 우울증에 고통받으며 살았던 슈만에게 음악을 작곡한다는 것은 자신의 비상구이자 출구 같은 의미였을 것입니다. 슈만의 심적 고통이 심했음을 인지하고 그의 작품을 감상하면 마음속에 아련한 물결이 일어납니다.

슈만의 작품 중 자신의 소년 시절을 떠올리며, 피아노를 위해 작곡한 곡이 《어린이의 정경》입니다. 처음에는 30개 정도의 소품으로 작곡했지만 그 중 13곡만 뽑아서 《어린이의 정경》이란 제목을 붙여 출판합니다.

13곡 중 7번 〈트로이메라이〉, '꿈'이라는 뜻을 가진 곡은 널리 알려진 대중적인 곡입니다. 〈트로이메라이〉는 자신의 꿈을 찾아가며 미래에 대한 기대와 설레임으로 가득한 작품입니다.

1.〈미지의 나라들〉, 2.〈신기한 이야기〉, 3.〈숨바꼭질〉, 4.〈어린이의 희망〉, 5.〈완전한 만족〉, 6.〈중대한 사건〉, 7.〈트로이메라이〉, 8.〈난롯가에서〉, 9.〈목마의 기사〉, 10.〈대단히 심각하게〉, 11.〈무서움〉, 12.〈아이는 잠들고〉, 13.〈시인은 말한다〉.

이렇게 제목이 모두 붙어 있는 《어린이의 정경》은 슈만이 순수하고 맑았던 동심을 회상하며 작곡한 곡입니다. 마치 슈만이 자신의 어린 시절 추억 이야기를 쓴 음악 일기를 읽는 것 같습니다.

심한 우울감을 이기기 위해 애썼던 슈만이 건반 위에 흐르는 피아노 선율로 다가와 내적인 갈등과 고통 속에 있는 저를 구출해 주기 위해 손을 뻗습니다. 저는 슈만의 손을 꼭 잡습니다.

음악은 언제나 당신 곁에

펠릭스 멘델스존: '노래의 날개 위에'
F. Mendelssohn: 'On Wings of Song'

　아름다운 선율과 결이 고운 가사가 담긴 음악을 듣는다면 지금 침통하고 암울하더라도 분명 기분이 조금은 나아질 것입니다. 또한 제목도 예쁜 곡이라면 더욱 플레이리스트에 저장하고 싶어질 테죠. 바로 성격도 좋고 실력도 좋았던 독일의 작곡가 펠릭스 멘델스존의 작품이 모든 조건을 만족시킵니다.

　작곡가 멘델스존은 친화력이 엄청 좋고, 주변 사람들에게 늘 친절했다고 해요. 사람들이 멘델스존을 봄 햇살과 같은 사람이라고 칭찬했다고 하는 점만 보아도 그의 성격이 얼마나 좋았을지 짐작이 갑니다.

이렇게 따스한 성품을 지닌 사람이 만든 작품이라면 음악 안에서도 포근함과 친근감을 느낄 수 있을 것입니다. 그리고 음악이 가진 긍정적인 에너지는 우리를 밝고 맑은 세상으로 이끌어줄 테고요.

〈노래의 날개 위에〉는 멘델스존이 작곡한 가곡집 '작품번호 34' 중 네 번째 작품입니다. 이 곡은 독일 시인 하인리히 하이네 Heinrich Heine가 쓴 시 내용에 음악의 날개를 달아 준 작품으로, 가사가 참 예쁩니다.

노래의 날개 위에

사랑하는 이여, 나는 그대를 실어

갠지스강 초원을 향해 가리라.

(중략)

그곳에는 붉은 꽃들이 피어있는 정원이

부드러운 달빛 아래 있고

장미, 백합, 연꽃, 그리고 향기로운 제비꽃이

고요하게 그리고 밝게 피어나리라.

정다운 가랑잎이 속삭이는 종려나무 아래 우리는 앉으리.

사랑과 평온을 마시고 환희에 찬 꿈을 꾸네.

단순하고 소박하면서, 평온을 마음에 안겨주는 가사 아닌가요? 여기에 봄 햇살의 성품을 가진 멘델스존의 감각이 입혀졌으니 이보다 더 좋을 수는 없을 듯합니다.

좋은 글, 좋은 음악, 좋은 사람, 좋은 세상… 이렇게 아름답고 사랑스러운 것만 생각해봅시다. 노래에 날개를 달아 우울감은 날려 보내고 달빛 아래 꽃들이 화려하게 피어난 아름다운 세계로 떠나봅시다.

우리 함께 파티할까요?

카미유 생상스: 오페라 "삼손과 데릴라" 중 '바카날레' 작품번호 47

C. Saint-Saëns: Opera "Samson et Dalila", 'Bacchanale' Op.47

프랑스 작곡가 생상스의 작품 중 기분을 신나게 만드는 작품 한 곡을 더 소개하려고 합니다. 생상스는 다양한 장르에서 수많은 명곡을 남겼습니다. 그가 작곡한 오페라 또한 지금까지 무대에서 사랑받고 있지요. 그는 13편의 오페라를 남겼는데 그중 〈삼손과 데릴라〉가 가장 인기 있는 오페라로 알려져 있습니다.

오페라 〈삼손과 데릴라〉는 구약성서에 나오는 이야기를 대본으로 만든 3막 오페라입니다. 이스라엘을 지배하는 필리스틴^{Philistine}에 맞서 싸우는 주인공 삼손. 삼손은 머리카락에서 힘을 발휘하는 괴력의 사나이였죠. 필리스틴 여인 데릴라는 이런 삼손을 유혹

하여 그의 힘을 알아낸 뒤, 힘을 뺏으려고 계획합니다. 삼손은 데 릴라를 사랑하게 되어 자신의 비밀을 털어놓습니다.

데릴라는 삼손의 머리카락을 자르고 그의 힘을 빼앗고 포로로 만들죠. 하지만 삼손은 신에게 간절히 기도하며 자신의 목숨을 바쳐 필리스틴과 맞서 싸운다는 내용입니다.

이 오페라는 이국적인 느낌이 물씬 나고 드라마틱한 분위기로 가득합니다. 오페라 속 3막에 나오는 관현악곡이 바로 '바카날레' 입니다. 바카날레는 고대 로마 시대 술의 신 '바쿠스'를 기리던 축제라고 합니다. 한번 상상해보세요. 술의 축제라니. 저마다 술 한 잔씩 들고 서로 흥에 겨워 웃고 마시며 즐기는 분위기겠죠. 그 순간만큼은 어떤 걱정, 근심도 없습니다.

저도 가끔 안 풀리는 일이 있거나 생각이 복잡해서 잊어버리고 싶고 상황을 피하고 싶을 때 술 한잔하기도 합니다. 술의 축제 때 연주되는 음악이라고 하니 엄청 신나고 경쾌하며 화려하겠지요?

음악을 듣다 보면 침울하게 가라앉았던 기분이 말끔해집니다. 기억이 안 날 정도로요. 그럼 우리 함께 '바카날레' 가볼까요?

삶이 그대를 속일지라도

미하일 이바노비치 글린카: 오페라 "루슬란과 루드밀라" 서곡
M.I. Glinka: Opera "Russlan and Ludmilla" Overture

18~19세기를 거치며 독일과 오스트리아를 중심으로 클래식 무대가 이루어졌던 시기, 러시아에서는 러시아의 민족적 선율과 신화, 민요를 바탕으로 그들만의 클래식 음악이 뿌리내리며 발전했습니다.

러시아 작곡가 글린카^{Mikhail Ivanovich Glinka, 1804~1857} 역시 러시아 클래식 음악의 발전을 도모했던 작곡가였습니다. 글린카가 작업한 여러 작품 중 가장 유명한 곡이 있습니다. 앞부분만 들어도 금방 알아챌 수 있는 곡으로, 광고 음악이나 드라마 속 배경음악으로 자주 사용되어 우리에게 익숙한 곡입니다. 바로 글린카의 오페

라 〈루슬란과 루드밀라〉의 서곡입니다.

연주하는 속도를 지시하는 용어가 기보되어 있는데 가장 빠르게 'Presto'로 연주하라고 되어 있습니다. 저도 이 곡을 여러 차례 오케스트라에서 연주했는데요, 음정을 운지하는 왼손가락을 정신없이 속주해야 합니다.

타악기와 관악기의 박진감 넘치는 리듬 변화, 그리고 빠르게 바뀌는 강약과 음의 진행에서 긴장감과 속도감이 느껴집니다. 연주가 끝날 때까지 경쾌하게 음악을 즐길 수 있습니다.

오페라 〈루슬란과 루드밀라〉는 현재 무대에 거의 올리지 않습니다. 주로 오페라 서곡만이 오케스트라 콘서트에서 오프닝곡으로 사랑받고 있습니다.

오페라 〈루슬란과 루드밀라〉는 러시아 문호인 푸시킨Alexander Sergeyevich Pushkin의 시를 원작으로 하고 있습니다. 바로 푸시킨의 시 〈삶이 그대를 속일지라도〉입니다.

삶이 그대를 속일지라도 슬퍼하거나 노여워하지 말라

슬픈 날은 참고 견디면 기쁜 날이 오고야 말리니

마음은 미래를 바라느니 현재는 한없이 우울한 것

모든 것 하염없이 사라지나 지나가버린 것 그리움 되리니 여러분, 현재 마음의 상태는 어떠신가요? 슬프고 우울하신가요? 지금 다소 힘들지만 이 시간을 잘 이겨낸다면 기쁜 날은 오고야 말 것입니다. 그리고 힘들었던 시간도 그리움으로 남게 될 거예요.

당신의 눈물을 닦아줄게요

가에타노 도니체티: 오페라 "사랑의 묘약" 중 아리아 '남몰래 흘리는 눈물'
G. Donizetti: Opera "L'elisir d'amore", Aria 'Una Furtiva Lagrima'

이탈리아 작곡가 도니체티^{Domenico Gaetano Maria Donizetti, 1797-1848}는 오페라 〈돈 파스콸레〉, 〈람메르무어의 루치아〉, 〈사랑의 묘약〉 등 많은 작품을 남겨 이탈리아 오페라 작곡가 계보를 이어간 작곡가입니다.

19세기 이탈리아에서는 벨칸토 창법이 유행했습니다. 벨칸토^{Bel: 아름다운, Canto: 노래}는 크고 드라마틱한 소리를 내는 것이 아니라 곱고 아름답게 소리를 내는 창법입니다. 도니체티는 벨칸토 노래의 멋을 살리며 지금까지 사랑받는 작품들을 만들었습니다.

〈사랑의 묘약〉은 2막으로 구성된 오페라로 도니체티가 작곡을 시작한 지 2주 만에 완성했다고 합니다. 시골의 순박한 청년 네모리노는 부호의 딸 아디나를 짝사랑하게 됩니다. 그녀의 사랑을 얻기 위해 사기꾼 약장수에 속아 싸구려 포도주를 사랑의 묘약으로 알고 구입하죠. 여러 곡절을 거치고 행복한 사랑의 결실을 맺는다는 해피 엔딩 오페라입니다.

오페라 속의 주인공 네모리노가 부르는 명곡이 있습니다. 바로 아리아 '남몰래 흘리는 눈물'입니다.

> 남몰래 흘리는 눈물, 한 방울이 눈에 맺혔다.
>
> 이 이상 무엇을 알 필요가 있을까?
>
> 사랑하고 있어 나를, 그녀가 나를.
>
> 내 한숨이 잠시 동안, 그녀의 가슴이 두근거리고
>
> 내 한숨이 그녀의 한숨과 섞이는 것이,
>
> 이 이상 아무것도 바라지 않겠습니다.

하프 반주로 시작되는 애절하고 슬픈 선율이 마음을 사로잡습니다. 아디나와 사랑이 이루어진다면 죽어도 좋다며 절절하게 사랑을 표현하는 아리아입니다.

사실 오페라 내용은 밝은 희극이어서 이런 침통한 아리아가 잘 안 어울리는 듯하지만 극의 내용과는 상관없이 너무나 아름다운 멜로디의 곡입니다.

남몰래 흘리는 눈물…. 혹시 혼자 울고 계신가요? 여러분은 절대 혼자가 아닙니다. 여러분의 눈물과 한숨을 품은 음악이 언제나 함께하고 있으니까요.

8 불안,
그저 지나가는
바람일 뿐이에요

대한불안의학회기 전국 성인 남녀 2천 명을 대상으로 정신건강 조사를 했다고 합니다. 조사해보니 40% 가까이가 불안 증세의 중간 단계를 보였고, 20%는 심각한 단계였다는 놀라운 결과였습니다. 성별로는 여성이 남성보다 불안증을 더 보였다고 합니다.

불안은 성인만의 문제가 아닙니다. 건강보험심사평가원에 따르면 2023년 기준, 9년 사이에 불안 증세를 호소하며 병원을 찾는 청소년이 세 배나 증가했다고 합니다. 즉 남녀노소 상관없이 마음의 병이 점점 심해지고 있다는 것이죠.

불안은 특정한 대상 없이 막연히 생기는 불쾌한 정서적 상태라고 합니다. 우리의 감정, 정서와 깊은 관계가 있으며, 불안이 심해지면 공황장애로까지 이어진다고 합니다.

일상생활을 하면서 일시적인 불안을 느끼는 것은 괜찮겠지만, 불안이 반복적으로 찾아오고 그래서 우리 삶에 영향을 미치게 되면 불안장애를 앓고 있다고 할 수 있습니다.

저는 불안을 느끼게 되면 극도의 긴장감으로 손이 떨리고 호흡이 가빠져옵니다. 특히 큰 공연들이 연달아 계획되었을 때 마음속 불안감이 커집니다. 연주하면서 악보 암기를 잘못하면 어쩌나, 음악 표현이 잘 안되면 어쩌나, 연주 도중 현이 끊어지면 어쩌나 등 괜한 생각과 불안으로 소화불량에 걸리기도 하고, 예민해진 신경 탓에 별것도 아닌 일에 짜증과 신경질을 냅니다. 이럴 때마다 머릿속 긴장의 끈이 아주 팽팽하게 끊어질 듯 당겨져 있는 느낌을 받습니다.

이렇듯 때때로 고통을 안겨주는 음악이지만, 이 불안한 마음을 다독여주는 것도 음악입니다. 저는 플레이리스트에 저장된 음악 중에서 특히 16~17세기 바로크 음악을 많이 듣습니다.

바로크 시대 음악은 템포가 규칙적이고 멜로디가 자주 반복되어서 감상하다 보면 조금씩 마음이 차분해집니다. 의학계에서도 반복적이고 규칙적인 패턴이 우리 뇌에 긍정적인 영향을 주고 안정을 준다고 발표하기도 했죠. 음악은 감상하는 즐거움뿐만 아니라 마음의 병까지 고쳐주는 약입니다.

그럼 제 플레이리스트 속에 있는 음악 함께 들어보실까요? 불안이 찾아와 마음이 힘들고 괴로울 때 찾아서 듣는 처방 약들입니다.

어느 순간, 마음속에 안정이

루이지 보케리니: 기타 오중주 4번 '판당고'

L. Boccherini: Guitar Quintet No.4 'Fandango'

루이지 보케리니Luigi Rodolfo Boccherini, 1743~1805는 이탈리아의 작곡가이자 첼로 연주자입니다. 사실 다른 클래식 작곡가들에 비해 이름이 생소하실 수도 있겠지만, 그는 당시 궁정 음악가로 활동하면서 첼로를 위한 연주곡을 비롯해 많은 실내악 작품을 남긴 작곡가입니다. 그래서 기악 연주자들은 그의 작품을 많이 접해왔고 특히 첼로 연주자들은 연주 필수 레퍼토리에 보케리니의 작품이 있습니다.

오스트리아에서 작곡가 하이든이 활동하고 있었던 시절, 보케리니도 이탈리아에서 서로 명성을 견주며 활발한 활동을 합니다.

그러고 보면 현재는 잘 알려지지 않았지만 당시에는 꽤나 유명했던 작곡가가 있고, 반대로 현재의 명성과는 달리 그때는 유명세가 덜했던 작곡가가 있습니다. 역사라는 것은 소수의 사람들로 인해 만들어지는 것이 아니라 자신의 자리에서 묵묵하게 책임을 다하며 살아가는 모든 사람이 이루어가는 것이라는 생각이 듭니다. 저 또한 연주자로 성실히 살면서 클래식 역사 속에 작은 흔적으로 남길 바라는 마음입니다.

보케리니는 이탈리아에서 태어났지만 스페인 궁정 음악가로 취직을 하게 되었고, 스페인의 민속춤과 음악인 '판당고Fandango'의 매력에 빠지게 됩니다. 판당고는 정열과 열정이 가득한 음악으로 보케리니의 감성이 더해져 기타와 바이올린 두 대, 비올라, 첼로가 함께 하는 현악 오중주 명곡이 탄생합니다.

기타는 스페인 민속음악을 연주하는 데 있어 빠질 수 없는 악기입니다. 그래서 스페인은 훌륭한 기타 연주자와 작곡가를 배출한 나라이기도 합니다.

작품 〈판당고〉는 전체 3악장으로 구성되어 있습니다. 1악장 알레그로Allegro(빠르게), 2악장 파스토랄레Pstorale(서정적으로), 3악장 판당고Fandango. 템포는 악장을 거치면서 조금씩 변하긴 하지만 속도감이 무난합니다. 그리고 기타의 서정적인 음색과 현악기의 부드러운 음색이 더해져 마음을 더욱 편안하게 만들죠.

　전 악장을 통틀어 긴장감을 주는 요소는 하나도 없습니다. 아주 편하게 현악기들의 아름다운 조화를 감상할 수 있으니 눈을 감고 들어보세요. 그동안 나를 사로잡았던 걱정, 근심은 음악 안에서 전혀 만날 수 없습니다. 오히려 어쩔 줄 몰라 초조했던 내 모습이 낯설고 이상할 뿐입니다.

　모든 것이 아무 일도 일어나지 않은 듯 천천히 여유롭게 흐르고 있습니다. 긴장 속에 찌푸린 인상도 펴지고, 불안해서 두근대던 심장 박동도 편해지며 호흡도 안정이 됩니다.

　음악이 다 끝나갈 무렵, 스페인의 마드리갈 어느 카페에 앉아 무용수들의 추는 판당고와 연주자들의 연주를 마음껏 감상하고 계실 거예요.

고요 그리고 평안

사무엘 바버: 현을 위한 아다지오

S. Barber: Adagio for Strings

1986년에 개봉한 미국의 올리버 스톤 Oliver Stone 감독의 《플래툰 Platoon》이라는 영화가 있습니다. 베트남 전쟁의 참상을 다룬 영화로, 감독 올리버 스톤 또한 베트남 전쟁에 참전한 경험이 있다고 하죠. 그래서 전쟁의 참혹함을 더욱 생생하게 표현했습니다.

영화 속에 나오는 대사 중 '우리는 적이 아닌 우리 자신과 싸웠습니다'라는 문장이 있습니다. 역사 속 수많은 전쟁 또는 현재도 진행 중인 전쟁은 도대체 무엇을 위해 일어나며 이러한 참상을 가져오는 걸까요? 가장 중요한 인간의 존엄성을 짓밟아가며 우린 왜 전쟁을 치르고 있는지 깊은 생각에 잠기게 하는 대사였습니다.

전쟁이 남긴 아픔과 인간 말살의 이야기를 담은 영화 속의 무겁고 비통한 장면들 사이에 흐르는 음악이 있습니다. 바로 미국의 작곡가 사무엘 바버 Samuel Osborne Barber II, 1910~1981 의 〈현을 위한 아다지오〉입니다.

바버는 20세기 미국을 대표하는 클래식 작곡가로 미국에서 매년 문학, 음악, 언론 등 여러 분야의 최고의 작품에 주는 퓰리처상 Pulitzer Prize 을 무려 두 번이나 수상한 작곡가입니다.

바버가 남긴 음악의 특징은 깊고 애수 어린 낭만성을 담았다는 점입니다. 바버는 1936년 현악 사중주를 위한 작품을 발표합니다. 3악장으로 된 현악 사중주 작품에서 2악장만 빼서 현악 합주곡으로 따로 편곡해 〈현을 위한 아다지오〉라는 제목으로 발표합니다.

이 작품은 초연 후 연주를 할 때마다 대성공을 거두었습니다. 슬프고 비통한 그리고 애잔함이 가득한 이 작품은 1945년 미국의 루스벨트 대통령, 1955년 아인슈타인, 1963년 존 F. 케네디 대통령의 장례식에도 연주되었다고 합니다.

이 곡의 애잔한 선율은 모두의 마음속에 울림을 남깁니다. 살면서 겪는 각자의 아픔을 공감하면서 서로 이해하고, 힘이 되고, 도움이 되고자 하는 생각을 불러일으킵니다.

곡의 도입부는 매우 고요하고 차분히 시작합니다. 그리고 현악기들의 화음이 뒤섞이며 켜켜이 쌓아 오르죠. 그리고 악기마다 서로 다른 높이의 음정이 합쳐지며 한 단계씩 쌓아 올라 클라이맥스에 다다릅니다. 마치 날카로운 비명 같은 클라이맥스입니다.

이 부분이 연주된 후에는 더 이상 음악 진행을 못 할 것같이 강렬합니다. 그냥 고통스러움으로 가득한 채 음악이 끝날 것 같습니다. 하지만 잠시 쉬었다가 음악의 움직임이 다시 시작됩니다. 그래서 더욱 슬픕니다. 고통 속에서 또다시 일어나야만 하는 힘겨움이 느껴집니다. 억지로 일어난 선율의 흐름은 도입부와 같은 고요함으로 돌아가 평화가 가득한 침묵 속으로 사라집니다.

저는 이 곡을 많이 연주했습니다. 얼마 전에도 현재 활동하고 있는 미국 오케스트라에서 연주했죠. 연주가 시작해서 끝을 마칠 때까지 끊임없는 연속성으로 음악이 이어져 있습니다.

연주할 때마다 곡이 마치 각자에게 주어진 인생의 시간 같다는 생각이 듭니다. 우리는 인생의 시간 여행자 입니다. 여행은 설레는 기대감도 있지만 전혀 알지 못하는 미지의 세상에 대한 불안과 걱정도 있습니다. 하지만 어차피 떠나기로 마음먹은 여행이니 떠나야 합니다.

지금 초조하고 근심과 걱정이 가득한 시기여도 이 시간을 지나야 한다면 숨 한번 크게 들이마시고 지나쳐 버리세요. 바버의 〈현

을 위한 아다지오〉처럼 극도로 불안한 클라이맥스 후에는 반드시

고요하고 평안한 자리로 돌아올 테니까요.

당신의 나무 그늘은 무엇인가요?

게오르크 프레드릭 헨델: 오페라 "세르세" 중 아리아 '나무 그늘 아래서'
G.F. Handel: Opera "Xerxes", Aria 'Ombra mai Fu'

아름답게 들어찬 나무 그늘, 그 사랑스러움은,

천둥이 울리고 폭풍이 몰아쳐도

그늘처럼 아늑하고 평화롭도다.

무성한 나무 그늘이여, 내 마음 쉬는 곳,

뻗어가는 가지와 줄기는 비할 데가 없도다.

무성한 나무 그늘, 내 마음이 안식처여.

우리는 삶 속에서 중요한 결정을 해야 하거나 의사표현을 정확
히 해야 하는 갈림길과 선택의 순간을 마주합니다.

이전에 경험한 일이라면 결정과 선택에 있어 자신감이 있겠지만, 처음 부딪히는 일이라면 걱정과 불안으로 가득합니다. 그리고 만약 결정한 선택이 잘못되어 실수라도 하게 되면 자신감도 떨어지고, 그 잘못된 환경으로 인해 심리적 장애가 생기기도 합니다. 비슷한 상황이 오게 되면 불안한 심리는 더욱 커질 테니까요.

저는 '무대공포증'으로 고생을 많이 했습니다. 제가 이런 이야기를 하면 잘 안 믿으시더라고요. 무대에서 긴장하는 모습이 전혀 안 보인다고, 무대공포증이 있는 것이 놀랍다고 말이죠.

한번은 너무 긴장한 탓인지 팔과 다리가 후덜덜 떨려서 무대에 서 있는데 주저앉을 것 같았습니다. 어찌어찌 연주는 끝마쳤지만 제가 무슨 정신으로 연주를 했는지 모르겠었습니다. 당연히 연주하고 난 후 얻는 만족감은 제로(0)였죠.

또 너무 긴장해서 벌어진 저의 흑역사가 있습니다. 연주를 하던 중 머릿속이 까매지며 암보한 악보가, 음표들이 전혀 생각이 나질 않는 거예요. 그래서 그 부분을 다 날려버리고 바로 끝부분으로 가서 연주를 마친 적도 있었습니다. 무반주로 하는 곡이어서 그나마 다행이었죠. 총 연주 시간이 8분 정도 걸리는 곡이었는데 3분만에 끝내버린 일도 있습니다.

이렇게 무대공포증으로 인한 웃고픈 에피소드는 수도 없이 많습니다, 이러한 실수가 무대에서 일어나면 하루 종일 머리카락을 쥐어뜯으며 스스로를 탓하죠. 자신감은 바닥으로 떨어집니다. 그리고 실수가 몇 차례 반복되기라도 하면 점점 무대에 서는 것이 무섭고 두려워집니다.

저는 무대공포증을 이겨내기 위해 신앙에 더 매달리기도 했고, 무대에 나가기 전 정신없이 뛰는 호흡을 진정시키는 데 도움이 되는 따뜻한 차를 마시기도 했습니다. 아니면 정신적 압박을 육체 운동으로 극복해보고자 요가와 수영도 열심히 했답니다. 공포와 불안에서 이기기 위해 나름의 노력으로 의지할 곳과 극복 방법을 찾으려고 애를 썼던 거죠.

지금은 어떠냐고요? 현재도 무대공포증은 진행 중이랍니다. 물론 예전보다 조금은 나아졌다고 할 수 있습니다. 왜냐하면 제가 불안할 때마다 저를 다스려주는 확실한 방법이 생겼거든요. 바로 최선을 다하는 '연습 시간'입니다.

말 그대로 '최선을 다해' 연습하는 동안, 쌓이고 쌓인 시간이 저를 불안에서 벗어나게 해주었고 그로 인해 자신감이 생겨났습니다. 지금도 저는 연습을 하는 작은 공간에서 악보와 마주하고 있을 때 가장 마음이 평화롭습니다.

17세기 작곡가 헨델의 오페라 중 〈세르세〉가 있습니다. 〈세르

세〉는 그리스를 정복한 동방의 페르시아 왕 세르세 1세의 이야기입니다. 그중 아리아 '나무 그늘 아래서'는 주인공 왕이 부르는 노래입니다. 왕이 크나큰 플라타너스의 나무 밑에서 쉽니다. 모든 사람이 편히 쉴 수 있는 아늑한 그늘을 만들어주는 나무의 모습을 보며 자신의 마음에도 평화롭고 달콤한 휴식을 가져다주어 고마운 마음을 노래로 부릅니다.

이 작품은 헨델이 독일에서 영국으로 건너가 작곡가로서 승승장구하다가, 작품 흥행이 계속해서 실패하여 절망감에 빠졌던 시기에 작곡되었습니다. 작곡가 헨델이 심리적 충격으로 건강조차 매우 안 좋았던 시기에 작곡한 오페라입니다. 그래서 그런가요? 아리아 '나무 그늘 아래서'는 더욱 그에게 절실하게 필요했던 안식처라는 느낌입니다.

불안하고 초조할 때 여러분이 찾아가는 안식처는 무엇인가요? 저에게는 작은 연습실이 나무 그늘입니다. 누구나 의지가 되는 고마운 나무 그늘이 있을 거예요. 헨델의 음악을 들으며 여러분에게 평안을 주는 나무 그늘 밑에서 마음의 평화가 함께하시길 빕니다.

영원한 벗, 음악에게 털어놓아요

볼프강 아마데우스 모차르트: 클라리넷을 위한 협주곡, 작품번호 622

W.A. Mozart: Concerto for Clarinet and Orchestra, K.622

오케스트라와 독주 악기가 함께 하는 연주 형태를 콘체르토 Concerto, 협주곡이라고 하죠. 모차르트는 독주 악기 중 피아노와 바이올린을 위한 협주곡을 많이 작곡합니다. 피아노를 위한 협주곡을 27개, 바이올린을 위한 협주곡은 7개를 남겼습니다.

모차르트의 협주곡은 모차르트 특유의 음악적 재치와 섬세한 감각을 만끽할 수 있는 걸작품입니다. 독주 악기가 가진 예술적인 부분과 테크닉적인 역량을 모두 끌어내어 오케스트라와 음악 안에서 멋진 조화를 만들어 냈습니다.

협주곡이라는 장르의 음악적 완성도를 한껏 끌어올린 모차르트가 인생 마지막으로 남긴 협주곡이 있습니다. 모차르트가 세상을 떠나기 두 달 전 작곡된 작품, 바로 〈클라리넷을 위한 협주곡〉입니다.

모차르트 최후의 협주곡인 이 작품은 클래식을 모르는 분들에게도 잘 알려져 있고 또한 클래식 애호가들에게도 사랑받는 모차르트가 남긴 명곡 중 한 곡입니다.

모차르트에게는 아주 친한 친구가 있었습니다. 친구 모차르트를 진심을 다해 아껴주고 소중하게 생각하는 친구였습니다. 바로 클라리넷 연주자였던 안톤 슈타틀러Anton Stadler, 1753~1812입니다.

모차르트는 천부적인 재능을 지녀 그 당시 사람들뿐 아니라 세월이 많이 지난 지금까지도 존경받는 인물입니다. 하지만 모차르트의 실제 삶 자체는 편하지 못했습니다. 경제적 어려움과 건강 문제로 항상 힘들었고 불안했죠. 모차르트의 그런 모습을 옆에서 보는 친구는 항상 안타까워하며 친구를 위해 도울 수 있는 부분을 진심을 다해 도왔습니다. 모차르트는 친구가 얼마나 고마웠을까요?

소중한 친구에 대한 감사한 마음을 모차르트는 음악으로 표현했습니다. 두 사람의 진한 우정이 음악 속에 녹아들어 우리 마음을 따스하게 해줍니다. 이런 아름다운 마음을 담은 모차르트의

〈클라리넷을 위한 협주곡〉은 예나 지금이나, 그리고 영원히 사랑받는 곡일 테지요. 모차르트와 안톤 슈타틀러도 음악 속에서 우정을 함께 나누며 영원할 것입니다.

모차르트는 클라리넷 연주자인 친구를 위해 클라리넷이라는 악기가 연주로 표현할 수 있는 능력과 연주 음역대를 최대로 사용하여 작곡합니다. 세련미와 감미로움이 목관악기 클라리넷의 목가적이고 서정적인 음색으로 마음껏 발휘되며, 독주 악기로서 클라리넷의 발전 가능성까지 제시해 주었습니다.

이 곡은 전체 세 개의 악장으로 되어 있습니다. 특히 2악장은 1985년 개봉된 영화 《아웃 오브 아프리카Out Of Africa》의 배경음악으로 사용되어서 대중적으로 잘 알려진 선율입니다. 영화 속에 음악이 잔잔히 흐르며 영화의 완성도를 한 단계 끌어올렸다는 평가를 받았습니다.

밝고 희망에 가득한 경쾌함의 1악장Allegro(빠르게)과 목가적이며 아름다움의 극치를 느낄 수 있는 2악장Adagio(느리게), 그리고 3악장Rondo(론도), Allegro(빠르게)의 유쾌한 발랄함 이 느껴지는 작품입니다.

인생의 희노애락이 음악 속에 녹아든 듯 모차르트가 들려주는 음악 이야기가 공감이 되고 마음에 다가옵니다. 모차르트 또한 고통과 고민을 사랑하는 벗에게 이야기하고 위로와 격려를 받았다는 생각에 우리와 거리가 먼 천재 모차르트가 아닌 인생 이야기를 터놓고 함께 할 수 있는 친구 모차르트와 마주하고 있는 기분입니다.

영원한 벗, 모차르트와 한바탕 수다를 떨고 나니 마음속이 따뜻한 편안함으로 가득합니다. 어느덧 초조와 불안은 사라져 버렸네요.

아무 걱정하지 말아요

가브리엘 포레: 레퀴엠, 작품번호 48

G. Fauré: Requiem, Op.48

저에게 19세기 프랑스 낭만주의 작곡가 포레의 많은 작품 중 가장 유명하고 사랑받는 곡 하나를 뽑으라면 포레가 1900년에 완성한 〈레퀴엠〉을 고르겠습니다.

'레퀴엠Requiem'은 '안식'이란 뜻의 라틴어로 죽은 이를 위한 가톨릭 미사곡입니다. 클래식 작곡가 모차르트, 브람스, 베르디, 베를리오즈 등도 레퀴엠을 작곡했고 지금까지 사랑받으며 무대에서 울려 퍼지고 있습니다.

가톨릭교회의 전례를 위해 레퀴엠을 작곡한 경우도 있지만 이런 목적 없이 합창, 관현악, 독창이 어우러진 장르 개념으로 작곡하기도 했습니다. 죽음을 떠나 인생을 돌아보며 회상, 위로, 사랑의 마음을 담아 낭만적이고 장엄하게 악보에 그려내었죠.

　가톨릭교회뿐 아니라 일반 공연장의 무대에서도 자주 올리는 레퀴엠 작품 중 작곡가 포레의 작품은 빼놓을 수 없습니다. 포레는 작곡가이자 교육자 그리고 교회의 오르가니스트로 활동하며 프랑스 클래식 음악 발전을 위해 힘썼습니다. 감미롭고 시적이며 부드럽고 서정적인 음악적 색깔을 지닌 포레는 삶에 위로와 희망을 주는 레퀴엠을 작곡합니다.

　이 작품은 포레의 종교적인 신앙과 믿음을 바탕으로 작곡되었으며, 포레가 작곡한 다른 가곡들과 같이 서정적이고 아름다운 작품입니다. 〈레퀴엠〉은 총 일곱 곡으로, 1.〈입당송〉, 2.〈봉헌송〉, 3.〈거룩하시다〉, 4.〈자비로우신 주 예수여〉, 5.〈주의 어린 양〉, 6.〈구원하여 주소서〉, 7.〈천국에서〉로 구성되어 있습니다. 포레는 작곡 후 이렇게 말했습니다.

나의 모든 것을 〈레퀴엠〉에 담았다.
더 나아가 영원한 안식에 대한 믿음이라는
인간적인 감정이 처음부터 끝까지 넘쳐나고 있다.

저는 작품 속에서 4번, 6번, 7번을 좋아합니다. 멜로디를 듣고 있으면 포레가 자신의 작품에 대해 말한 '인간적인 감정'을 느낄 수가 있습니다. 그리고 '자신의 모든 것을 담은 작품'을 통해 음악 안에서 작곡가 포레를 만나게 됩니다.

〈레퀴엠〉 속 4번 〈자비로우신 주 예수여 pie jesu〉는 소프라노의 독창으로 부릅니다. 포레가 자신을 비롯하여 모든 이의 마음에 평화를 가져다주기를 자비로운 주께 간절히 기도하는 듯합니다.

그리고 6번 〈구원하여 주소서 Liebera Me〉는 바리톤의 독창과 풍성한 합창 그리고 오케스트라가 어우러져 슬픔 속에 사무쳐 있을 때 누군가 따뜻하게 내미는 감사한 손길이 느껴집니다. 지금은 비록 내 모습이 실패와 후회로 얼룩져 있고 홀로 남겨져 외롭고 괴롭지만 결코 혼자가 아니라고 말해주는 듯합니다 그리고 널 응원하고 있으니 무너지지 말고 힘을 내라 격려합니다.

마지막 곡 7번은 〈천국에서 In Paradisum〉입니다. 여러분은 천국을 상상해 보셨나요? 가보지 못한 곳이기에 어떤 곳인지 전혀 알 수가 없습니다. 하지만 포레가 펼쳐놓은 음악 속에서 '천국은 이런 모습일 거야' 하며 예상하게 됩니다.

작품 속에서 오르간의 규칙적인 반주와 함께 울려 퍼지는 목소리가 우리를 천국으로 데려갑니다.

아무 걱정 없고 어떤 두려움과 불안함이 없는, 진정한 평화만
있는 곳으로요.

당신을 응원합니다

클로드 드뷔시: 아라베스크 1번

C. Debbusy: Arabesque No.1

저는 머릿속이 생각의 파편으로 복잡하고, 그 생각들의 깊은 늪에서 허우적거리며 혼란하며 불안할 때가 많습니다. 이 초조함에서 벗어나기 위해 여러 방법을 써보았지요. 불안을 느끼는 요소들을 노트에 적어보며 하나씩 머릿속에서 떨궈내려고 애쓰기도 했습니다. 그런데 지금껏 했던 방법 중, 좋아하는 음악을 찾아 감상하는 것만큼 좋은 것은 없었습니다.

19세기 프랑스 음악사에 새로운 시대를 연 작곡가 드뷔시는 미술의 인상주의에 영향을 받아 음표에도 회화적 색채감을 불어 넣어 몽롱하지만 감각적이고, 단순하지만 섬세한 작품을 주로 썼지요.

드뷔시의 많은 작품 중 피아노곡 〈아라베스크 1번〉을 추천합니다. '아라베스크 Arabesque'는 아랍풍으로 장식된 문양으로, 그 장식에서 받은 느낌을 고스란히 음악에 담았습니다. 아랍풍 문양처럼 화려하고 부드러운 곡선 장식이 유려한 피아노 선율을 타고 흘러내립니다.

환상적이면서 꿈을 꾸는 듯 몽롱한, 아늑한 평화가 피아노를 타고 마음에 내려 앉습니다. 부드러운 곡선을 닮은 음표가 내 어깨를 두드리며 두 손을 꼭 잡아줍니다. 그리고 초조와 불안에 홀로 갇혀 있는 마음의 문을 두드립니다. 그리고 아무 일 없을거라고, 괜찮다고, 넌 잘하고 있다고 말을 겁니다.

작곡가 드뷔시도 무언가로 두려웠던 걸까요? 무슨 일이 있었는지는 모르겠지만 자신의 아픈 마음을 치유하기 위해 이 곡을 작곡한 것은 아닌가 싶습니다. 자신도 고치고 우리의 마음 또한 고쳐주는 드뷔시의 음악이 그저 고맙기만 합니다. 음악이 선사하는 포근하고 따뜻한 응원을 여러분의 마음에 꼬옥 품으시길 바랍니다.

당신의 인생 이야기를 들려주세요

베드르지흐 스메타나: 현악 사중주 1번 '나의 생애로부터'
B. Smetana: String Quartet No.1 'From my life'

체코를 대표하는 민족주의 작곡가 스메타나Bedřich Smetana, 1824~1884는 작곡가로서 성공적인 삶을 살았습니다. 대표 작품으로 〈나의 조국〉, 〈몰다우〉, 〈피아노 삼중주〉와 오페라 〈팔려간 신부〉 등이 있습니다.

하지만 그의 개인적인 삶은 슬픔과 한숨의 연속이었습니다. 작곡가 베토벤처럼 청각을 점점 상실하게 되었고, 그로 인해 작곡가로서의 입지가 언제나 불안했습니다.

게다가 자신의 아내와 딸을 병으로 먼저 하늘나라로 떠나보내며 외로움과 고독에 사무치게 마음 아파하며 살았던 작곡가입니다. 스메타나의 불안과 아픔이 어느 정도였을지 감히 상상할 수 없습니다.

그는 세상을 떠나기 전까지 우울증과 불면으로 힘들어했고 외롭게 여생을 보내며 인생을 마쳤습니다. 귓병은 점차 심해져 나중에는 청각을 완전히 상실하고 불안함만 가득했죠. 컴컴한 어둠속에서 한 줄기 빛처럼 탄생한 작품이 있습니다. 바로 현악 사중주 1번 〈나의 생애로부터〉입니다.

그는 친구에게 '자신의 인생과 추억, 청각이 사라진 비극적 삶의 결말을 음악에 담아 표현했다'라고 말했다고 합니다. 이 작품은 1악장 Allegro Vivace(빠르게), 2악장 Allegro Moderato(보통 빠르게), 3악장 Largo(느리게), 4악장 Vivace(빠르게) 순서대로 자신의 추억을 회상하며 음악으로 기록합니다.

스메타나의 젊은 시절의 사랑과 행복 그리고 상실과 고독, 절망과 슬픔의 감정들이 뒤엉켜 한 사람의 서사가 담긴 인생 이야기가 음악으로 들려옵니다.

스메타나의 인생 일기장 같은 음악을 들으면서 문득 떠오르는 생각이 있었습니다. 만약 제가 훗날 '나의 인생으로부터'라는 제목의 곡을 작곡해서 연주한다면 그 연주곡은 과연 어떤 느낌의 곡일까 말이에요.

부디 행복과 만족, 기쁨으로 가득 찬 '나의 생애로부터'가 울리길 바랍니다. 이러한 희망 찬 마음으로 지금 조금 힘들더라도 잘 이겨 내야겠습니다.

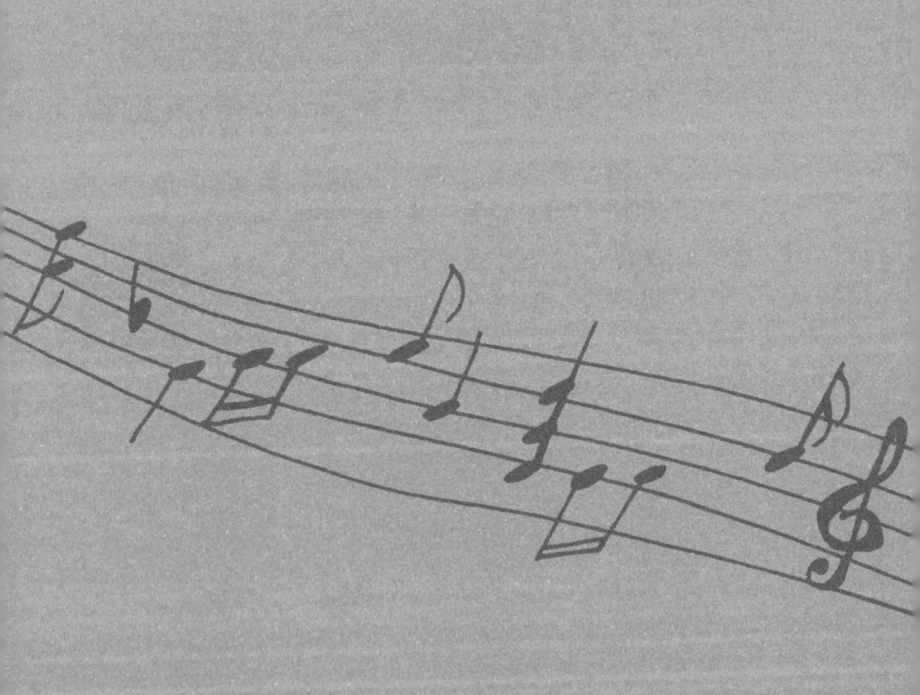

9 불면,

Good Night,
Sweet Night

클래식 음악 강연자로 활동하면서 강의 내용 중 반드시 넣는 순서가 있습니다. 바로 클래식 음악에 관한 모든 궁금증을 묻고 대답하는 시간입니다.

저는 전혀 생각지도 못했던 다양하고 재미난 질문을 많이 받는데, 그중 가장 많은 분이 궁금해하시는 것이 있습니다. 그야말로 클래식 질문 1위! 바로 '잠이 안 올 때 들으면 좋은 음악을 추천해주세요'입니다. 이 질문을 계속해서 받다 보니 '다들 잠을 못 자서 고생하시는구나'라는 생각에 가슴이 아프고 안타까웠습니다.

각박하고 신경 쓸 것 많은 현대 사회에 잠을 못 자는 불면증은 누구나 한 번쯤 겪어봤을 것입니다. 불면증은 또 다른 질병을 일으키기도 하니 '잠이 보약'이라는 말이 더욱 와닿습니다.

밤에 자는 잠은 하루 종일 피곤했던 육체와 뇌에 휴식 시간을 가져다 줍니다. 하루의 피곤을 충분히 푸는 시간인 거죠. 지구에 사는 모든 동물은 잠을 잔다고 합니다. 최소한의 생명을 유지하는 데 필요한 기능만 유지한 채 신체의 모든 것이 휴식을 취하는 것입니다.

수면은 뇌에 쌓인 불필요한 노폐물을 제거하고, 치매와 알츠하이머도 예방한다고 합니다. 잠을 잘 잔 날이면 '피로가 모두 풀렸다'라고 말하는데 바로 뇌의 독소와 노폐물을 없애주기 때문입니다.

하루 종일 걱정과 근심이 한가득이었지만 밤에 잘 자고 아침에 일어나면 잠자기 전보다 걱정의 무게가 가벼워진 것 같기도 합니다. 이와 같은 느낌을 받는 것은 우리의 뇌 신경이 잠을 자는 동안에 불필요한 것들을 정리하는 시간을 가졌기 때문이죠. 그러니까 '잠'은 우리의 정신 건강은 물론 신체 건강까지 영향을 미치는 중요한 일입니다.

여러분도 잠 때문에 힘드신가요? 깊은 잠을 주무시고 싶으신가요? 우리를 꿀잠으로 이끌 '수면 클래식 음악' 추천해 드릴게요.

오늘 하루를 마무리하며

프란츠 페터 슈베르트: 아르페지오네와 피아노를 위한 소나타, 작품번호 821

F.P. Schubert: Sonata for Arpeggione and Piano, D.821

여러분, 현악기 '아르페지오네Arpeggione'라는 이름을 들어보셨나요? 슈베르트가 활동할 당시 새로 제작된 악기인데요, 모양은 현대의 첼로와 비슷한데 음역대는 조금 높아서 비올라 같은 중간 음역대 소리를 내는 악기입니다. 여섯 줄의 현을 가진 악기인데, 여섯 줄이라는 점이 또 기타 현의 수와 같아서 기타, 첼로, 비올라를 한 악기로 합쳐놓은 듯한 악기입니다.

이 악기는 슈베르트와 친구로 지냈던, 악기를 만드는 슈타우퍼 J.G. Staufer가 직접 개발해서 완성한 악기라고 하죠. 유럽에서 몇십 년간 연주되다가 지금은 역사 속으로 사라진 귀한 악기입니다.

사람들의 기억 속에서도 사라져버렸을 악기, 아르페지오네를 위해 슈베르크는 작품 한 곡을 남겼습니다. 지금은 악기 자체가 없어졌으니 어떻게 연주하나 하실 텐데요. 현대에는 첼로와 비올라가 각각의 음역대로 편곡해서 연주하고 있습니다.

　　저는 이 작품을 개인적으로 좋아해서 꼭 한번 연주하고 싶었습니다. 그래서 몇 년 전 독주회 프로그램으로 이 곡을 선택해서 바이올린 음역대로 편곡하여 연주를 했었답니다.

　　전체 1악장 Allegro(빠르게), 2악장 Adagio(느리게), 3악장 Allegretto(조금 빠르게)으로 구성된 곡으로, 작품 전체가 감미롭고 달콤하며 정적인 감성을 불러일으킵니다. 우아하고 기품마저 느껴지죠. 이러한 느낌 때문인지 자꾸 듣고 싶은 곡입니다.

　　악기가 첼로든 비올라든 상관 없이 〈아르페지오네와 피아노를 위한 소나타〉는 귀에 거슬리지 않는 중저음의 음역대 연주로 마치 슈베르트가 자장가를 들려주는 듯합니다.

　　한번은 제 인생 통틀어 언제 가장 잠을 잘 잤을까 생각해 보았습니다. 어렸을 적 어머니가 저와 한 이불을 덮고 저의 머리카락을 뒤로 넘기며 등을 도닥거려주실 때일 거예요. 가장 포근한 순간이었죠. 게다가 어머니는 속삭이며 슈베르트의 자장가 멜로디를 들려주셨고 저를 잠으로 데려가 주셨습니다.

어머니와 꿈속으로 가는 길은 장미, 튤립, 백합, 프리지어 등 온 세상의 꽃이 만연한 꽃동산이었죠. 직박구리, 참새, 박새 등 귀여운 작은 새들이 날아다니고 춤을 추며 꽃에서 꽃으로 넘나드는 나비가 있었습니다.

이 작품은 마치 어머니가 들려주신 자장가처럼 너무도 포근한 곡입니다. 그래서 제가 이 곡을 좋아하는가 봅니다. 어린 시절처럼 어머니의 달콤한 목소리는 들을 수 없지만, 저는 잠을 잘 자고 싶을 때면 어머니의 품속처럼 폭신한 따스함을 안겨주는 슈베르트의 음악과 함께합니다. 그리고 아주 편히 꿈나라로 빠져듭니다.

꿈속에서 만나요

가브리엘 포레: '꿈을 꾼 후에'

G. Fauré: 'Après un rêve'

가브리엘 포레는 19~20세기 프랑스 근대를 대표하는 작곡가입니다. 그는 주로 섬세하고 조용하며 단아하고 부드러운 작품을 많이 썼습니다. 포레의 성격도 그의 작품과 닮았지 않았을까 짐작해봅니다. 그런 내면이 음악 안에서 더욱 빛을 발한 것이겠죠.

작곡가도 자신이 만든 창작물 중에서 더 마음에 들고 아끼는 곡이 있었을까요? 열 손가락 깨물어 안 아픈 손가락 없다는 말처럼 작곡가에게는 모든 작품이 자신의 열 손가락 같았을 것입니다. 하지만 작곡가도 이미 발표한 작품이 너무 마음에 들어 원곡의 편성과 다른 편성으로도 하나 더 작곡하고 싶었던 곡이 있었을 것입니다. 그런 곡이 바로 포레의 가곡 〈꿈을 꾼 후에〉입니다.

포레는 처음에 이 곡을 노래를 위한 곡으로 작곡했지만, 곡의 선율을 편곡하여 첼로와 바이올린을 위한 작품으로 발표합니다. 이미 가사가 있는 노래곡을 악기로만 연주했을 때에는 보통 직접적인 내용을 전달하기 불가능해서 작곡가의 의도를 바로 알기는 힘들죠. 하지만 이 작품은 신기하게도 악기 연주가 말을 걸어와 가사의 내용을 소곤거리며 이야기해주는 듯합니다.

이 작품은 이탈리아어로 된 작자 미상의 시를 프랑스 시인 로망 뷔신Romain Bussine이 프랑스어로 번역하여 만든 시를 가사로 사용합니다.

헤어진 연인을 꿈속에서 만나 사랑의 조우를 다시 했지만 꿈에서 깹니다. 꿈에서 깨고 난 후 아쉬움만 남아 다시 밤으로 돌아가 사랑하는 이와 함께하는 꿈속으로 돌아가고 싶다는 이야기입니다. 잔잔하면서 애수적이며, 꿈속의 따스한 서정성이 가득 담긴 애틋한 회상이 느껴지는 잔잔한 작품입니다.

여러분도 꿈을 꾸고 난 후 다시 꿈속으로 들어가고 싶었던 적이 있으신가요?

당신의 모습이 나를 사로잡았던 꿈속에서

나는 열렬한 행복과 환상을 꿈꾸었네.

당신의 눈은 더욱 부드러웠지.

당신은 새벽에 빛나는 하늘같이 빛나고 있었지.

하늘은 우리를 위해 구름을 열어 보여주었네.

미지의 찬란함과 희미하게 비치는 섬광.

돌아오라, 돌아오라, 아름다운 이여.

돌아오라, 오 신비로운 밤이여!

수면은 걱정, 근심의 무게를 덜어주기도 하지만 현실에서 이루지 못한 안타까운 심정을 풀어주고 소망을 이루는 세계로 데려가 줍니다. 여러분은 어떤 꿈을 꾸고 싶으신가요? 포레의 작품과 함께 꿀잠 주무시면서 꿈속에서 못다 한 소망을 이루어보세요.

따뜻한 밤을 위한 선율

프레데리크 쇼팽: 녹턴, 작품번호 9-2

F. Chopin: Nocturne, Op.9-2

'녹턴Nocturne'은 '야상곡夜想曲'이라고 불립니다. 야상곡은 밤의 정취를 그대로 음악에서 느끼게 만든 작품인데요, 차분하고 감미로운 낭만이 느껴지는 밤의 기분을 묘사했습니다.

보통 '녹턴'이라고 하면 쇼팽이 작곡한 21곡의 피아노 작품을 많이 연상하십니다. 그만큼 쇼팽의 감성과 피아노 음색이 밤의 낭만적 감성을 잘 담아냈기 때문입니다.

'녹턴'이라는 제목도 밤의 음악을 뜻하고, 다른 악기나 여러 대의 악기가 함께 연주하는 것보다는 한 대의 피아노 연주가 밤에는 더 잘 어울리는 것 같습니다. 피아노의 고르고 일정한 음색이 정서적으로 안정감을 주면서 깊어지는 조용한 밤에 차분함을 안겨줌니다.

쇼팽은 평생 피아노에 인생을 바친, 피아노밖에 몰랐던 작곡가이죠. 쇼팽만의 음악적 감각으로 피아노 작품을 최고의 경지에 올려놓은 작곡가입니다.

쇼팽도 제 생각처럼 피아노라는 악기가 낭만적인 어둠을 표현하고 밤의 정서와 잘 어울린다 생각했을까요? 밤의 음악 〈녹턴〉을 무려 21개나 작곡했으니 말이에요.

21개의 〈녹턴〉 중 수면 클래식 추천 음악으로 '작품번호 9-2번'을 추천합니다. 쇼팽이 완성한 21개의 〈녹턴〉 중에서 '1, 2, 3번'을 한데 묶어 '작품번호 9번'이라는 번호로 출판됐고, 그중 '2번'에 해당되는 작품입니다.

이 곡은 쇼팽이 스무 살 무렵 작곡했다고 알려져 있습니다. 많은 분이 쇼팽의 〈녹턴〉, '야상곡' 하면 '9-2번'을 이야기할 정도로 대중적인 인기까지 있는 작품입니다.

이 곡에는 쇼팽이 가진 특유의 구슬픔이 담겨져 있습니다. 연주자이며 작곡가로 고국 폴란드를 떠나 해외에서 음악 활동을 하며 그는 어떤 심정이었을까요? 연주회가 끝나고 텅 빈 집에 돌아와 고향에 있는 가족과 친구들을 떠올리며 그리움으로 힘들어하며 눈물로 깊어가는 밤을 보냈을 것입니다.

요즘 저는 미국에서 주로 연주 활동을 하며 한국을 오가고 있습니다. 저 또한 보고픔과 그리움으로 밤마다 힘든 시간이 많습니다. 가족과 함께 나누던 소소한 즐거움 그리고 한국 음식, 한국의 정취 등이 그립고 또 그립습니다.

고요한 밤, 마음속에 고이 간직한 기억들을 피아노 선율에 담아 찬찬히 떠올려봅니다. 달빛이 밤하늘을 아련히 비추는 밤, 무심한 듯 슬픈 표정으로 향수를 달래며 피아노 앞에 앉아 있는 쇼팽의 모습 또한 그려봅니다.

〈녹턴〉의 연주가 끝나면 쇼팽은 애타게 가고픈 고향 폴란드에서 가족들과 오붓하게 하고 싶었던 이야기를 나누며 행복한 밤을 보낼 것입니다. 저 또한 쇼팽의 음악을 들으며 그리움으로 목 메인 밤을 위안받습니다.

이 작품은 4분 남짓한 길이의 곡이니 무한 반복하며 들어도 좋겠습니다. 음악으로 위로받으며 편안한 밤 되시길 바랍니다.

잘 자요. 내일 아침에 만나요

안토니오 비발디: 모테트 '세상에 참 평화 없어라' 작품번호 630

A. Vivaldi: Motet 'Nulla in Mundo Pax Sincera', RV.630

'모테트Motet'는 '말씀'이라는 어원에서 탄생한 말로 종교적인 내용을 담은 성가곡입니다. 작곡가 비발디의 모테트 〈세상에 참 평화 없어라〉라는 작품은 불안하며 인간의 잘못으로 가득한 세상에서 오직 예수의 구원만이 우리에게 진정한 평화를 준다는 내용입니다.

바로크 시대 음악은 규칙적인 반복 진행이 주로 이루어져서 음악이 복잡하지 않고 음악이 앞으로 어떠한 방향으로 진행할지 전혀 고민과 생각을 하지 않아도 됩니다. 이 작품 또한 일정하고 고른 리듬과 바이올린 선율 위에 따뜻한 목소리가 함께합니다.

평온과 편안함만이 느껴지는 곡으로, 곡의 분위기상 깊은 잠을 자고 난 후 피곤이 싹 가셔 새롭게 하루를 시작하는 아침 음악으로도 잘 어울리는 곡입니다. 하지만 저는 하루를 정리하고 새로운 시작을 기다리며 달콤한 꿈속으로 여행을 떠나는 잠자리에 잘 어울린다고 생각합니다.

우리의 하루는 어떠한가요? 매일 똑같은 삶은 없습니다. 물론 일상을 살아가며 기본적으로 하는 일은 비슷합니다. 하지만 우리는 매일 다른 환경과 상황 속에서 살아갑니다. 우리가 매일이 똑같다고 생각하는 것은 지나치는 주변의 새로운 것들에 대해 무심한 탓일 것입니다.

저는 잠자리에 들면 오늘 하루 있었던 일들을 한 번씩 떠올립니다. 가만히 생각해보면 아무 일 없이 보내는 날이 거의 없습니다. 매일이 하는 일에 신경을 쓰고 잘하려고 애를 써야만 합니다. 잠자리에 들면서 '휴, 오늘 하루 별일이 없었네'라고 한다면 그날은 정말 운이 좋은 날입니다. 그래서 그런가요? 비발디의 작품 속 가사가 마음에 확 꽂힙니다.

이 세상에 참 평화 없어라,
고통에서 자유로운 평화,

번민과 고뇌 속에서 살아가는 영혼이여
순결한 사랑의 희망으로 만족하라.

고통 속에서 얻는 자유로운 평화!

오늘 하루를 살아가느라 모두 고생 많으셨습니다. 이 밤이 지나고 나면 내일의 희망이 기다리고 있을 것입니다. 수고한 여러분, 어서 꿈속으로 들어가 자유로운 평화를 마음껏 누리세요.

사랑의 자장가

안토니오 루비: '사랑의 로망스'

A. Rubbi: 'Romance d'Amour'

'로망스Romance'는 중세시대 몽환적인 사랑 이야기를 담은 문학에서 유래하여 '로맨스, 로맨틱' 등의 단어가 되었습니다. 음악사에서는 15세기 스페인 가곡에서 '로망스'라는 제목이 달린 작품들이 나왔고, 18~19세기에는 원래 노래곡에서 가사가 빠지고 악기로 연주하는 하나의 기악곡으로 자리 잡게 됩니다.

독창적이고 감정 표현이 자유로운 낭만주의 작곡가들에게 '로망스'라는 제목은 많은 음악적 영감을 불러일으킵니다. 로망스 곡은 대부분 편안하고 안정감을 주며 그래서 곡의 느낌이 서정적이면서 차분하고 다정한 곡이 많습니다.

대중적으로 유명한 곡 중 하나가 바로 기타로 연주하는 〈사랑의 로망스〉입니다. 이 곡은 스페인에서 내려오는 민요입니다. 구전되어 내려오는 민요의 선율을 19세기 스페인 작곡가 안토니오 루비_{연대 미상}가 편곡했다고 하여 그를 이 곡의 작곡가 이름으로 적었습니다.

이 작품은 1952년에 《금지된 장난 Jeux Interdits, Forbidden Games》이라는 프랑스 영화 속 음악으로 쓰이면서 선풍적인 인기를 얻습니다. 이 곡을 듣고 기타를 배워야겠다고 다짐한 분이 많다고 들었습니다. 기타 전공이 아닌 취미생들도 이 곡은 꼭 한번 연주하겠다며 도전하는 작품이라고 하네요.

기타의 섬세하고 편안한 음색이 조용하게 다가와 나를 차분하게 만듭니다. 사랑스럽고 낭만적인 선율로 밤이 더욱 로맨틱해집니다. 눈을 감고 이 작품을 들어보세요. 기타 선율이 잔잔한 물결로 마음에 다가옵니다. 하루 동안 혼란스럽고 복잡했던 생각이 물결 속으로 쓸려가 버립니다. 곧 꿈속에서 멋진 기타리스트가 저를 위해 연주를 하고 있습니다. 저만을 위한 '사랑의 로망스'를요.

하루의 고단함도, 피곤함도 음악으로 달래요

표트르 일리치 차이콥스키: 현을 위한 세레나데, 작품번호 48

P.I. Thaikovky: Serenade for String Orchestra, Op.48

'세레나데Serenade'는 프랑스어로 '저녁 음악'이라는 뜻이라고 합니다. 달빛 가득한 저녁에, 연인이 사는 집 창밖에서 사랑을 고백하는 노래라고 하죠. '창문을 열어다오!' 노래를 부르며 사랑하는 연인이 창가에 나와 얼굴 한 번 더 보길 바라는 간절함이 연상됩니다.

달빛 아래, 낭만적인 사랑 고백은 아주 잘 어울립니다. 게다가 잠도 잘 자게 해줄 것 같습니다. 달콤한 사랑 노래가 포근한 꿈속의 세계로 데려다줄 것 같은 기분이 들거든요.

많은 클래식 작곡가가 세레나데를 작곡했습니다. 그중 러시아 작곡가 차이콥스키의 〈현을 위한 세레나데〉를 감상하려고 합니다.

차이콥스키는 러시아에 살면서 서유럽 작곡가들에게서 음악적 영향을 많이 받았습니다. 특히 작곡가 모차르트의 음악을 좋아했다고 하죠.

　러시아의 낭만에 서유럽의 음악 색깔을 입혀 고전적이면서 깊은 애수의 감성이 담긴 현악기만을 위한 세레나데를 발표합니다. 차이콥스키의 깊은 서정성은 마음의 온도를 따뜻하게 만들어줍니다. 차이콥스키도 이 곡을 작업하고 자랑스러워하며 작품에 애정을 표현했다고 하네요. 작곡가가 사랑한 곡이라니 더욱 감상 목록에 넣고 싶어집니다.

　이 곡은 모두 네 개의 악장으로 구성되어 있는데, 악장마다 템포와 분위기를 달리하며 진행합니다. 마치 새로운 아침을 맞이하고 하루 24시간을 사는 우리 삶의 모습을 악장마다 표현한 기분입니다.

　현악기만 모여 만들어낸 울림으로, 새로운 아침의 행복한 기분이 드는 1악장 Andante(조금 느리게), Allegro(빠르게) 그리고 왈츠풍으로 발걸음 가볍게 업무를 시작하기에 좋은 2악장 Waltz(왈츠), Moderato(보통 빠르게), 뜻하지 않게 받는 상처와 고민을 음악으로 위로해주는 듯한 3악장 Elegy(엘레지) 그리고 러시아 민요 〈푸른사과 나무아래서〉, 〈목장에서〉의 주제가 사용되어 하루를 즐겁게 노래 부르듯 마무리하는

4악장^{Finale(피날레)}으로 되어 있습니다. 시간의 선율을 타고 음악 안에서 흘러갑니다.

　음악을 듣고 있으면 하루 동안 받은 고단함도, 피곤함도 음악 안에서 사라집니다. 사랑스럽고 아름다운 선율이 열심히 산 하루를 보상해주는 기분입니다. 음악이 끝날 때쯤, 또 시작하는 새로운 하루를 꿈꾸고 있을 거예요.

꿈의 세계로 떠날 준비 되셨나요?

볼프강 아마데우스 모차르트: 피아노 소나타 11번 '터키행진곡' 작품번호 331

W. A. Mozart: Piano Sonata No.11 'Alla Turca', K.331

작곡가 모차르트는 피아노 소나타 18개, 피아노와 오케스트라를 위한 협주곡은 27개를 남겼습니다. 피아노를 위해 작곡한 작품 수가 다른 악기보다 비교적 많은 편입니다. 모차르트가 피아노에 애정이 더 많았을 수도 있고 자신의 음악 세계를 펼치기에 피아노가 더 편했나 싶기도 합니다.

모차르트의 피아노 작품에서는 모차르트만의 순수하고 깔끔하며 간결한 음악 분위기 속에서 기쁨과 슬픔의 감정 변화가 아름다운 조화를 이룹니다. 완벽한 조화는 우리에게 영원한 감동으로 다가옵니다.

모차르트의 〈피아노 소나타 11번〉은 1악장 Andante(조금 느리게), 2악장 Minuet(미뉴에트), 3악장 Rondo(론도) – Allegretto(조금 빠르게) – Turca(터키풍으로) 으로 구성되어 있습니다.

1악장의 처음 몇 마디는 어디서 들은 것 같은 친숙한 멜로디입니다. 차분한 템포의 편안한 피아노 선율이 마음을 편안하게 해줍니다. 이 선율을 차용해서 가사를 붙여 자장가로도 부르고 있다고 합니다. 따스함이 느껴지는 선율 진행에 자장가의 멜로디로 선택된 것이 아닌가 싶습니다. 그러고 보니 수면을 위한 음악 감상으로 1악장은 좋은 선택이 되었네요.

2악장은 3박자의 미뉴에트 악장으로 1악장과 같은 여유로움이 가득합니다. 3악장은 너무 잘 알려진, '터키행진곡'이라고 불리는 악장이죠.

모차르트가 활동하던 시기 유럽에서는 튀르크풍 오스만제국과 튀르크 문화 스타일이 인기 있었다고 합니다. 모차르트도 여기서 아이디어를 얻어 3악장에 '터키풍으로'라는 지시어를 붙여 작곡을 합니다. 이 곡 또한 인기를 얻었고 이런 이유로 훗날 피아노 소나타 전체 이름에 '터키행진곡'이라는 부제가 붙게 되었습니다.

저는 '클래식 작곡가 중에 누굴 가장 좋아하세요?'라는 질문을 많이 받습니다. 저의 답은 '모차르트'입니다. 제가 가장 좋아하는 작곡가이죠.

그렇다고 모차르트가 작곡한 음악만 주로 감상하는 것은 아닙니다. 저의 변화무쌍한 감정 변화와 시공간의 분위기에 따라 여러 작곡가의 많은 작품, 그리고 다양한 장르를 넘나들며 음악을 듣습니다.

하지만 언제나 저의 마음속에는 가장 깊이 사랑하는 작곡가 모차르트가 있습니다. 모차르트의 음악은 은쟁반에서 옥구슬 구르듯 맑고 정갈하죠. 그리고 모차르트만의 가슴을 애잔하게 하는 아픔이 있습니다.

천재 모차르트의 음악을 평범한 제가 완전히 이해하고 연주하긴 이만저만 힘든 일이 아닙니다. 나이가 들수록 생각이 많아지고 더 잘해보려는 욕심 때문인지 모차르트 음악이 점점 힘들어집니다. 차라리 어린 시절 아무 생각 없이 연주했을 때 더 연주를 잘했던 것 같습니다.

이렇게 저를 힘들게 하는데, 이상하게 모차르트가 더 좋아집니다. 저에게 음악적으로 더욱 성숙하고 발전할 수 있게 동기부여를 해주는 작곡가니까요.

하루를 차분히 정리하면서 또 새로운 도전을 하는 내일을 기다립니다. 그리고 꿈의 세계로 갈 준비를 하죠. 모차르트가 들려주는 피아노 건반 선율을 타고 말이에요. 달콤한 그곳으로 한 걸음 씩 걸어가세요.

10 힐링,

인생의 숨표,
잠시 쉬어 가요

심리적 안정을 준다는 뜻의 힐링Healing과 치유는 급변하고 복잡한 세상을 사는 우리 삶에 꼭 필요한 부분이 되었습니다. 요즘 사회는 힐링을 빼고 이야기할 수 없게 되었습니다. 그만큼 우리는 심리적 안정이 절실히 필요한 세상에 살고 있습니다.

힐링하는 방법도 개인의 취향에 맞게 여러가지입니다. 힐링을 위한 산업도 나날이 발전 중이죠. 요즘은 물을 가만히 오랜 시간 보고 있는 '물멍물 보며 멍때리기' 또는 불을 보는 '불멍', 아니면 식물을 빤히 바라보는 '식멍' 등 재미난 용어도 생겨났습니다.

가만히 아무것도 안 하는 것을 두고 힐링이라고 하는 걸 보니, 매일 쫓기며 살아가야 하는 일상 속에서 힐링한다고 무언가를 또

계획하는 것도 피곤한가 봅니다. 그냥 생각과 행동을 멈추고 가만히 있는 것, 그것이 좋은 심리적 치유가 되는 거겠죠.

저의 힐링은 식물과 음악입니다. 어렸을 때부터 제가 좋아하는 색은 연두와 초록이었습니다. 그래서 성장하면서도 기분이 조금 가라앉거나 리프레시Refresh하고 싶을 때면 연두색이나 초록 색감의 옷을 입기도 하고 주변 생활용품도 사곤 했었습니다. 지금도 역시나 마찬가지이지요.

이런 영향으로 저는 식물이 있는 곳을 가면 힐링이 됩니다. 그렇다고 산을 등반하지는 못하고 가까운 공원에 가거나 화원에 가서 눈과 마음을 모두 정화합니다.

요즘은 화분 키우는 재미가 쏠쏠합니다. 몇 년 전에는 생각지도 못한 일입니다. 우연히 선물 받은 작은 화분에 정성껏 물을 주고 매일 아침 화분의 상태도 체크하기 시작하니 재미가 붙었습니다. 그래서 화분을 하나씩 더 집에 들여놓게 되었죠. 식물마다 물 양이 얼마나 필요하고, 얼마나 자주 주어야 하는지도 관심을 갖고 검색하기도 합니다. 그래서 요즘은 아침마다 힐링을 하고 있지요.

그리고 음악은 저에게는 빼놓을 수 없는, 힐링 그 자체입니다. 감사한 일이지요. 직업이 음악가인데 하는 일이 힐링이 된다는 건 축복이라 생각합니다.

특히 제가 좋아하는 플레이리스트를 순간의 기분에 맞게 찾아서 즐기는 순간은 말로 표현 못 하는 행복입니다. 연둣빛 식물로 눈을 정화하고, 아름다운 음악으로 귀를 정화하여 마음이 건강해지는 저만의 힐링 방법입니다.

음악 감상은 힐링과 치유에 있어서 빠질 수 없습니다. 템포가 안정적이고 규칙적인 패턴을 가지고 있으며 선율이 서정적이고 감각적인 음악은 정서적으로 차분하게 해주고 감성을 깨우는 데 도움이 됩니다.

많은 공연장에서 힐링이라는 주제로 다양한 무대를 꾸밉니다. 저 또한 음악회를 기획할 때 잊지 않고 중요시하는 부분입니다. 제가 기획한 힐링 콘서트 중 가장 기억에 남는 제목은 '나의 마음 돌봐주기'였습니다. 콘서트 내용은 이렇습니다. 테마를 힐링, 감사, 사랑, 열정으로 나누어서 소주제에 맞는 작곡가의 작품들을 연주했죠.

시작은 정적인 곡들로 마음을 차분하게 하며 복잡한 주변 상황에서 잠시 벗어날 수 있도록 안내하고, 이어서는 지금 이 순간이 행복이고 감사함인 것을 작곡가들의 아름다운 음악으로 함께 나누죠. 그리고 수고한 자신을 칭찬해주고 사랑의 마음이 가득 담긴 연주곡들을 감상합니다. 마지막으로 다시 충전해서 힘을 낼 수 있도록 빠르고 박진감 넘치는 곡으로 콘서트 마지막을 장식합니다.

이런 경험을 바탕으로 여러분께 클래식 작품 중 마음을 살피고 돌봐주기에 가장 잘 어울리는 곡을 소개하려고 합니다. 아름답고 낭만적인 음악 안에서 그동안 수고한 자신을 꼭 안아주세요. 그리고 힘을 내시길 바랍니다.

자, 그럼 음악으로 마음껏 힐링해 보실까요?

잠시 여행, 다시 돌아오기 위해

호아킨 로드리고: 아랑훼즈 기타 협주곡

J. Rodrigo: Concierto de Aranjuez

'힐링'을 주제로 제가 기획한 콘서트의 제목은 '힐링 음악 여행' 입니다. 여러 나라, 유명한 클래식 작곡가들의 작품을 통해 작곡가가 살았던 나라로 공간 이동해 음악 여행을 하는 콘서트입니다. 음악을 통한 힐링과 재충전의 시간이죠.

여행을 가는 것은 큰 힐링이 됩니다. 여행사 패키지 상품 제목에서 '힐링 여행지 추천'이라는 문구가 많이 보이는 것을 보면 알수 있습니다. 그럼 음악과 여행이 함께하는 '힐링 음악 여행' 떠나볼까요?

이번에 함께하실 음악 여행지는 스페인입니다. 저는 스페인을 아직 한 번도 가보지 못했습니다. 하지만 제 여행 버킷리스트 속에 언제나 자리 잡고 있는 여행지예요.

스페인은 유럽 남서부 끝자리에 있는 나라로 예전에 남미 여러 나라를 식민지로 거느렸던 막강한 나라였습니다. 그런 이유로 서방 유럽 국가 작곡가들의 오페라 작품을 보면 스페인을 배경으로 하고 있는 경우가 많이 있습니다. 비제 〈카르멘〉, 베르디 〈일 트로바토레〉, 로시니 〈세비야의 이발사〉 등이죠. 스페인의 열정적이고 정열적인 정취는 많은 창작자에게 영감을 주었지요.

스페인에서 태어난 클래식 음악가도 많이 있습니다. 바이올리니스트 파블로 사라사테 Pablo de Sarasate, 1844~1908, 피아니스트 엔리케 그라나도스 Enrique Granados, 1867~1916, 기타리스트 프란시스코 타레가 Francisco de Asís Tárrega y Eixea, 1852~1909, 피아니스트 호아킨 로드리고 Joaquín Rodrigo, 1901~1999, 기타리스트 안드레스 세고비아 Andrés Segovia Torres, 1893~1987 등이 있죠.

오늘은 스페인이 배출한 유명한 음악가 중에서 호아킨 로드리고의 작품으로 스페인 여행을 해보겠습니다. 로드리고는 감각적이며 서정적인 악기 기타의 매력에 흠뻑 빠져 기타를 위한 많은 작품을 남깁니다. 그중 하나가 유명한 〈아랑훼즈 기타 협주곡〉입니다.

'기타'라는 악기는 다른 클래식 악기와 비교했을 때 소리 크기가 상당히 작은 악기입니다. 저는 기타와 듀오 연주를 자주 하는 편인데요, 무대에서 함께 연주할 때마다 기타는 꼭 악기에 음향을 확성하는 마이크 장치를 사용하며 연주합니다. 그렇게 해야 바이올린과 사운드 균형을 맞출 수 있기 때문이에요. 그런데 대규모 오케스트라와 작은 음량을 가진 기타의 협주곡을 작곡하다니, 로드리고의 아이디어가 놀랍습니다.

스페인의 수도 마드리드에 가면 16세기 왕실을 위해 지어진 궁전이 있습니다. 바로 '아랑훼즈 Aranjuez 궁전'입니다. 아랑훼즈 궁전은 너무 아름다워서 마치 천국에 온 것 같다고 칭송하는 곳입니다. 스페인에서 태어난 작곡가 로드리고도 처음 이 궁전을 관광하고 감탄을 금치 못했고, 궁전 곳곳에서 음악적 영감을 받았습니다.

그가 아랑훼즈 궁전에서 받은 감동을 음악으로 표현한 곡이 바로 〈아랑훼즈 기타 협주곡〉입니다. 곡은 전체 세 개의 악장으로 나누어져 있습니다. 밝은 희망과 힘찬 활력이 느껴지고 스페인 고유의 민속 리듬을 사용한 1악장, 서정적이고 감미로운 낭만을 담고 있는 2악장 그리고 아랑훼즈 궁전에서 느꼈던 기쁨과 행복, 만족을 음악에 고스란히 담은 3악장입니다.

이 작품은 스페인이 내전을 치르며 분열되어 있는 혼란의 시기에 발표되었습니다. 고통과 상처의 아픔으로 힘들어하는 스페인 국민들에게 희망의 용기를 주는 음악이 되어, 발표하자마자 인기를 얻어 많은 공연장에서 연주되었습니다. 그 후 스페인뿐만 여러 나라에서 기타 연주곡의 베스트 프로그램이 되었죠.

이 곡을 감상하고 있으면 스페인 아랑훼즈 궁전을 한 번도 가보지 못했더라도 다녀온 듯한 착각에 빠집니다. 음악 안에서 스페인의 정취를 만끽할 수가 있습니다. 그리고 천국과 같은 궁전을 아름다운 선율로 만나며 색다른 느낌의 힐링을 받는 시간이 될 겁니다.

힐링, 음악이 주는 힘

로베르트 슈만: 피아노 협주곡 가단조, 작품번호 54

R. Schumann: Piano Concerto in A minor, Op.54

피톤치드^{Phytoncide}라는 용어를 들어보셨나요? '피톤^{Phyton}'과 '치드^{-cide}'의 합성어라고 하는데요. 식물이라는 뜻을 가진 '피톤'과 죽이다라는 뜻의 '치드'가 합쳐져 생겨난 말입니다.

피톤치드는 식물이 해충들로부터 자신을 지키기 위해 내뿜는 물질을 뜻합니다. 곰팡이나 해충에게 저항하면서 생겨난 이 물질은 주위 미생물을 죽이는 일까지 한다고 합니다. 참고로 피톤치드는 1937년 러시아 생화학자 보리스 토킨^{Boris Tokin}에 의해 처음 발견되었습니다.

피톤치드의 주성분 물질이 가득 있는 숲속에 들어가면 머리가 맑아지고, 상쾌한 기분을 느끼며, 심리적으로 안정이 된다고 합니다. 그리고 말초신경의 혈액순환도 원활하게 한다고 하네요. 게다가 살균 효과까지 있어서 피부질환, 특히 아토피를 예방하는 데도 좋다고 합니다.

도시를 중심으로 생활하는 우리는 사실 숲속을 자주 걷기 쉽지 않습니다. 도심 속에서 녹색 식물을 만나기가 점점 어려워지고 있죠. 그래서 요즘 새로 지어진 건물과 카페에 가보면 공간을 활용하여 화단을 만들어 자연을 느끼고자 하는 노력을 엿볼 수가 있습니다.

만약 피톤치드가 가득한 숲속을 산책하는 기분을 느끼게 하는 음악이 있다면 힐링을 만끽하기에 더없이 좋겠지요. 그래서 추천해드릴 곡이 있습니다. 바로 슈만의 〈피아노 협주곡 가단조〉입니다. 이 곡은 1845년 작곡된 곡으로, 슈만의 사랑하는 아내이자 피아니스트였던 클라라 슈만이 초연했다고 합니다.

〈피아노 협주곡 가단조〉는 슈만이 남긴 유일한 피아노 협주곡입니다. 슈만은 피아노 협주곡 작곡을 썩 좋아하지 않았다고 합니다. 피아노 연주 자체만으로도 훌륭하다고 생각하고 또 오케스트라만 연주해도 충분한데 왜 피아노와 오케스트라가 함께해야 하는지, 그리고 함께해서 이도 저도 아니게 된다면 어쩌나 하고 고민

했기 때문입니다. 하지만 이는 슈만의 괜한 걱정이 되었고, 그의 작품은 피아노와 오케스트라 협주곡의 명작으로 남게 됩니다.

피아노와 오케스트라가 서로 방해 없이, 각자 충분한 역량을 발휘할 수 있도록 균형을 맞추며 서로를 빛내주고 있죠. 슈만의 작품을 들으면 큰 나무들이 우거진, 깊은 숲속을 거니는 기분입니다.

숲속의 흙 내음, 바람에 흩날리며 서로 부딪치며 내는 나뭇잎의 사각사각 소리, 지저귀는 새들의 귀여운 노랫소리, 나무 사이를 비추는 따스한 햇살, 사람들이 숲속을 거닐며 나누는 다정한 대화, 그리고 웃음소리 등이 모두 음표가 되어 피아노와 관현악의 앙상블로 귓가에 들려옵니다.

울창한 숲 같은 슈만의 음악은 장중하고, 우아하며, 시적이고 낭만적입니다. 여러분, 숲속 길을 걸으며 같이 힐링해볼까요? 슈만의 숲속 음악 세계로 천천히 걸어오세요.

맑고 또 맑게

프란츠 페터 슈베르트: 가곡 '송어'

F.P. Schubert: Song 'The Trout'

맑고 맑은 강물에 송어가 뛰노네.

화살처럼 빠르게 달리며 뛰노네.

사람들 함께 모여 기뻐하네.

맑고 맑은 강물에 송어가 뛰노네.

저 맑은 강물 속에 송어가 뛰노네.

이 작품은 작곡가 슈베르트가 크리스티안 프리드리히 다니엘 슈바르츠 Christian Friedrich Daniel Schubart의 시를 바탕으로 작곡한 곡입니다. 1817년, 슈베르트의 나이 스무 살 때였죠.

슈베르트는 '송어'라는 제목으로 3회 이상 다른 선율의 작품을 작곡했다고 합니다. 슈베르트가 시를 읽고 받은 감명을 음악으로 완벽하게 표현하기 위해 자신이 만족할 때까지 창작의 열정을 불태운 것이죠.

현재 우리가 감상하는 가곡 〈송어〉는 슈베르트가 최종적으로 발표한 작품입니다. 이런 이야기를 들으니 두 개의 다른 버전 〈송어〉 작품들은 어떤 멜로디의 곡인지 궁금합니다.

〈송어〉는 현재 슈베르트의 대표 가곡이 되었지만 슈베르트가 살아 있는 동안에 이런 인기를 누리진 못했죠. 그가 만족감을 얻을 때까지 여러 번 작곡한 곡이고 노력을 담은 곡이라 좀 아쉬운 생각이 들긴 하지만, 하늘에서 자신이 쏟은 열정에 행복한 만족감으로 환히 웃고 있을 것입니다.

가사에서 눈에 쏙 들어오는 구절이 있습니다. '맑고 맑은 강물에'. 도대체 얼마나 맑은 걸까요? 상상해보니 티끌 하나 없는 순백의 순수하고 깨끗한, 이 세상의 선함만이 가득할 듯합니다.

슈베르트도 이러한 세상을 음악에 담고 싶었을까요? 가곡 〈송어〉에서도 티끌 하나 없이 경쾌하고 깨끗한 순수함만이 느껴집니다. 이 곡을 작곡하고 슈베르트는 선율이 마음에 들었던 모양입니다. 왜냐하면 자신의 실내악 작품에 가곡 〈송어〉의 선율을 그대

로 가지고와서 사용했으니까 말이에요. ⟨피아노 오중주 D.667⟩

　여러분도 마음이 '맑고 맑게' 되기를 바라시나요? 그렇다면 백색의 순수함으로 채워진 가곡 ⟨송어⟩를 들어보세요.

생각을 비우고 음악을 채워요

쥘 마스네: 오페라 "타이스" 중 '타이스 명상곡'

J. Massenet: Opera "Thais", 'Meditation'

프랑스 작곡가 쥘 마스네Jules Émile Frédéric Massenet, 1842~1912가 4세기 이집트 여인 타이스Thais의 실화를 바탕으로 쓴 소설 〈타이스〉를 모티브로 3막의 오페라를 만들었습니다.

쥘 마스네는 19세기 프랑스 오페라를 책임지며 오페라 〈베르테르〉, 〈마농〉 등 30개의 많은 오페라 작품을 작곡했습니다. 지금까지도 그의 작품은 사랑받고 있습니다. 섬세하고 감각적이며 내향적인 그의 감정 표현은 사람들의 마음을 따뜻하게 했고, 마스네는 유행에 민감하게 반응하며 인기 있는 프랑스 작곡가가 되었습니다.

내용은 이집트의 한 수도사가 향락에 빠진 여인 타이스를 전도하면서 벌어지는 스토리입니다. 오페라 속에서 2막이 끝난 후 막과 막 사이에 오케스트라만 연주되는 간주곡이 바로 '타이스 명상곡'입니다.

오페라 공연을 하면서 성악가들은 노래와 연기뿐 아니라 스토리에 맞게 무대의상도 자주 갈아입어야 합니다. 게다가 오페라의 막이 바뀌면 배경도 바꿔야 하죠. 이때 잠깐의 여유 시간이 필요한데요, 이 시간에 연주되는 곡을 '간주곡'이라고 합니다.

무대 뒤에서는 다음 무대를 준비하기 위해 분주하겠지만 무대 위에서는 '타이스 명상곡'이 연주됩니다. 섬세하면서 부드러운 음악은 지극히 평화롭습니다. 오페라 속 오케스트라 편성으로 연주되는 간주곡이지만 바이올린 독주곡으로 편곡되어 더욱 많이 연주되고 있는 작품입니다. 저 또한 많은 무대에서 이 곡을 연주하고 있습니다.

잘 알려진 클래식 명곡이기도 하고, 많은 분이 마음이 편해진다며 좋은 후기를 주시는 곡이지요. 연주자인 저 역시 이 곡을 연주하면서 느끼는 감정이기도 합니다. 마음이 편안해진다는 것은 압박감에서 벗어난다는 이야기이기도 하니까요.

스트레스란 정신적으로 받은 외상에서 벗어나 다시 정상으로 복귀하려고 하는 노력이라고 하죠? 이 곡을 듣고 있으면 어떠한 노력이 필요 없는 듯합니다. 그냥 '타이스 명상곡'에 물이 흐르듯, 바람에 머리카락이 흩날리듯 그냥 몸을 맡겨보세요. 그동안 나를 부여잡고 있었던 긴장과 압박감에서 스르르 벗어날 겁니다.

희망으로 충전해요

안토니오 드보르작: 교향곡 9번 '신세계로부터' 4악장
A. Dvořák: Symphony No.9 'From New World', 4th Movement

몇 년간의 코로나 시기는 우리가 한 번도 경험하지 못했던 시간이었습니다. 함께 어울리며 산다는 것이 얼마나 소중한 일인지 그리고 살면서 인지하지 못했던 주변의 여러 환경이 얼마나 감사한지 깨닫는 시기이기도 했습니다.

연주자인 저는 한동안 무대를 잃어버렸지요. 일을 할 수 없는 상태로 당황과 불안의 시간이었습니다.

하지만 지나고 보면 힘든 시간에도 잃은 것만 있는 것은 아니더라고요. 그 어려운 시간을 보내며 책 두 권을 쓰게 되었고 독자분들과 글로 소통을 하게 되었으니까요.

그리고 사진을 찍는 것에 재미를 붙이기도 했습니다. 잘 찍지는 못했지만 소소한 행복을 느끼며 불안했던 시간을 이겨냈습니다.

사진을 찍다 보니 그동안 가보지 못했던 곳을 일부러 찾아가기도 했습니다. 그중 가장 기억이 남는 곳이 있습니다. 바로 강릉의 '안반데기'입니다. 안반데기는 떡메로 떡을 치는 안반처럼 넓은 지형이여서 그렇게 불린다고 하네요.

안반데기는 해발 1100m에 해당하는 높은 고산지대로 1965년에 화전민들이 산을 깎아 개간하며 형성된 정말 놀라운 곳입니다. 한번 가보신 분들은 적극 공감하실 겁니다.

차를 타고 올라가는 것도 쉽지 않았습니다. 그러다 보니 비가 오거나 눈이 오면 도로가 미끄러워서 안반데기를 올라가는 것이 어렵다고 하죠. 꼬불거리는 길이 가파르고 높아 하늘로 올라가는 것 같아 놀라워하다 보면 도착하는 곳이 안반데기입니다.

이렇게 경사가 가파르고 험악한 산에 사람들이 오로지 삽과 곡괭이로 밭을 일구어 그 땅에 배추밭을 만들어 놓았습니다. 제가 방문했을 때에는 겨울이라 배추 수확이 끝났을 때였죠.

정말 그 광경을 보는 순간 입이 떡 벌어졌습니다. 높은 산 위에 신세계가 펼쳐져 있었습니다. 안반데기는 1995년에 대를 이어 살아온 스물여덟 가구 정도의 주민들이 안반데기를 정식으로 매입

해서 살고 있다고 합니다. 손을 쭉 뻗으면 하늘이 닿을 듯 말 듯하는 곳에 끝도 없이 개간된 배추밭을 보고 있노라니 누군가가 흘린 땀방울과 눈물의 결정판으로 다가오며 거룩하게 느껴졌습니다. 그리고 이 세상에 불가능이란 없구나 생각했지요.

당시 저는 이런저런 이유를 대고 스스로 불가능한 이유를 만들어가며 부정적으로 살고 있었습니다. '할 수 없는 일'이 아니라 '할 수 없게 만들어가며' 말이지요. 안반데기를 보고 있으니 부끄러웠습니다.

지금 자신이 없거나 혹은 마음을 비워내고 새로운 희망으로 가득 채우며 힐링하고 싶다면 안반데기에 올라가보세요. 아마 건강한 마음으로 산을 내려오실 것입니다.

체코 작곡가 드보르작이 남긴 교향곡 9번 〈신세계로부터〉라는 곡이 있습니다. 드보르작이 제목을 직접 붙여 발표한 작품입니다.

체코에서 음악 활동을 하던 드보르작은 미국에 있는 음악원 원장으로 취임을 하고 몇 년 동안 미국에 거주하며 활동합니다. 새로운 경험과 고국에 대한 향수, 보헤미아 정서와 미국의 흑인영가, 그리고 인디언 음악의 감성을 담은 드보르작의 대표곡들이 작업된 중요한 시기이기도 합니다.

미국 뉴욕에 살면서 느끼는 도시의 활력과 미국의 광활한 자연 속에서 받은 감정을 바탕으로 탄생한 곡이 바로 〈신세계로부터〉입니다. 총 네 개의 악장으로 구성된 곡으로, 그중 4악장 Allegro(빠르게)은 느린 속도로 시작해서 속도감을 올리며 긴장감을 조성하고 박진감 넘치는 관악기의 연주로 시원한 쾌감을 가져다 줍니다. 작품 중간중간 체코의 감각적인 정서가 느껴지는 부드러운 선율이 감동의 여운을 더하는 악장입니다.

드보르작의 신세계는 어떤 곳이었을까요? 희망을 품고 자신만의 음악 세계를 개척하는 세상이었을 겁니다. 여러분, 불가능하다, 희망은 없다고 하는 부정적인 생각은 모두 버리시길 바랍니다. 그리고 무엇이든 할 수 있다는 긍정적이고 건강한 마음가짐으로 안반데기와 같은 신세계를 만들어가세요.

억눌린 감정을 한바탕 쏟아내며

루트비히 판 베토벤: 피아노 소나타 23번 '열정' 작품번호 57

L.v. Beethoven: Piano Sonata No.23 'Appassionata', Op.57

독일의 작곡가 베토벤은 일곱 살 어린 나이부터 피아노 연주에 두각을 나타냈습니다. 악보를 보지 않고 즉흥적인 연주를 펼치며 재능을 선보였죠.

베토벤은 피아니스트답게 피아노를 위한 소나타를 무려 32개를 작곡했습니다. 베토벤의 32개 피아노 소나타 작품은 피아노 음악사에 중요한 획을 그었습니다.

작곡가 바흐의 평균율 클라비어는 '건반악기의 구약성서', 그리고 베토벤의 피아노 소나타는 '피아노의 신약성서'라는 평가를 받을 정도로 중요한 가치를 지닙니다.

32개의 소나타 중 스물세 번째 소나타는 '열정'이라는 제목을 가지고 있습니다. 이 작품은 베토벤이 백작의 가문에서 한때 피아노 레슨을 하며 백작의 두 여동생 테레제와 요제피네 사이에서 사랑의 줄다리기를 하고 있을 시기에 작곡한 곡이라고 합니다. 묘한 삼각관계였던 거죠. 베토벤이 누구를 더 좋아했는지는 모르겠지만 말이에요. 게다가 어느 누구와도 사랑의 결실을 맺지 못하고 끝나 버립니다.

불멸의 작곡가 베토벤이 남녀 간의 사랑으로 고민하고 방황했다고 하니 인간적인 면모도 느껴집니다. 더군다나 이 작품을 자매 중 한 사람이 아닌 자매들의 오빠, 백작에게 헌정했다는 사실도 재미납니다.

3악장으로 구성된 〈피아노 소나타 23번〉은 단단하고 강한 열정을 가진 베토벤의 낭만을 물씬 느낄 수 있습니다. 이 작품은 베토벤이 음악적으로 독창적이고 자신만의 색깔을 찾아가던 열정적인 시기에 작곡되었습니다.

솟아오르는 정열의 불꽃 같은 흐름의 1악장^{Allegro(빠르게)}과 아름다운 서정적 낭만이 가득한 2악장^{Andante(조금 느리게)} 그리고 마지막으로 휘몰아치는 에너지가 느껴지는 3악장^{Allegro(빠르게)}으로 구성되어 있습니다.

음악은 작곡가가 품고 있는 감정을 고스란히 드러내는 장르입니다. 희망, 즐거움, 기쁨, 불안, 공포, 슬픔, 애잔함 등이 진한 감동이 되어 마음속 깊이 다가옵니다.

베토벤은 음악으로 자신의 감정을 직접적으로 표현합니다. 돌아가지도, 빗겨가지도 않으며 비유적으로도 묘사하지도 않습니다.

우리가 느끼는 모든 감정을 한번 제대로 쏟아낸다면, 진정한 안정감을 느끼고 그로 인해 치유와 회복이 되지 않을까요? 솔직하고 담백한 돌직구 음악 세계를 펼쳤던 베토벤과 함께 진정한 치유의 행복을 음악 안에서 만나보세요.

프롬나드, 음악과 산책하다

모데스트 페트로비치 무소르그스키: 전람회의 그림
M.P. Mussorgsky: Pictures at an Exhibition

연주자는 다양한 경험이 필요합니다. 그래야 폭넓은 표현력을 바탕으로 음악을 연주할 수 있습니다. 하지만 일상 속에서 매번 새로운 경험을 찾아다는 일은 쉽지 않습니다. 직접적인 경험을 하면 좋겠지만 그러지 못하니 간접적인 방법으로 대신하기도 합니다. 독서를 하거나 다양한 장르의 영화를 보거나 뮤지컬, 연극, 대중가수의 콘서트, 갤러리 등을 찾아가거나 하지요.

정서와 감정을 풍요롭게 하기 위해서 다양한 문화예술을 접하는 것은 저를 발전시키고 공부도 되지만, 힐링의 시간이기도 합니다.

특히 색감으로 감정을 표현하는 미술 작품을 관람하러 가면 천천히 오랜 시간 그곳에 머뭅니다. 창작자의 그림 한 점마다 영혼이 살아 숨쉬고 있으니까요.

여러분, 음악 감상을 하면서 갤러리를 관람하는 것 같은 작품이 있습니다. 바로 러시아 작곡가 무소르그스키 Modest Petrovich Mussorgsky, 1839~1881의 피아노 작품 〈전람회의 그림〉입니다.

무소르그스키의 프로필에는 신기한 점이 있습니다. 군인으로 살다가 작곡가가 된 사람이거든요. 게다가 독학으로 음악 공부를 했다고 기록 되어 있습니다. 작곡가로서 전문적인 이론 지식은 부족했으나 그의 천부적인 재능은 빛을 발휘합니다.

무소르그스키에게는 화가였던 친구가 있었습니다. 바로 화가 빅토르 하르트만 Viktor Hartmann입니다. 함께 문화 예술을 토론하고 서로를 응원했죠. 하지만 마음을 나누던 친구는 동맥류 파열로 갑자기 세상을 떠납니다. 친한 친구를 잃은 무소르그스키의 상실 감이 얼마나 컸을까요?

하르트만의 또 다른 친구는 그를 추모하기 위해 하르트만이 남긴 유작을 모아 전시회를 개최합니다. 이 전시회에 참석한 무소르그스키는 하르트만의 작품 10개를 골라 음악을 붙여 친구에 대한 영원한 우정을 표현합니다. 바로 이 작품이 〈전람회의 그림〉입니다.

전시회에서 그림과 그림 사이를 걸어 이동하는 곳에는 '프롬나드Promenade'라는 제목의 곡이 연주되는데요, '산책'이란 뜻입니다. 장중하면서 어두운 멜로디로, 친구의 다음 그림을 마주하는 발걸음에 친구에 대한 그리움과 슬픔이 느껴지는 곡입니다.

곡은 '프롬나드 1.〈난쟁이〉 - 프롬나드 2.〈옛성〉 - 프롬나드 3.〈튈를리 궁전〉 - 〈커다란 바퀴의 소달구지〉 - 프롬나드 4.〈껍질을 덜 벗은 병아리들의 발레〉 - 〈무엘 골덴베르크와 슈뮐레〉 - 프롬나드 5.〈리모주의 시장〉 - 〈로마 지하 묘지 '카타콤'〉 - 〈닭발 위의 오두막집〉 - 〈키이우의 대문〉으로 구성되어 있습니다.

이 곡은 원래 피아노곡이지만, 현재는 주로 오케스트라 연주로 감상하실 수가 있습니다. 많은 작곡가가 이 작품을 관현악으로 편곡해서 발표했는데, 그중 가장 사랑받는 오케스트라 버전은 프랑스 작곡가 모리스 라벨의 작품입니다.

음악회와 미술관을 모두 다녀온 듯한 느낌을 주는 〈전람회의 그림〉과 함께 해보세요. 시각과 청각 모두를 만족시키며 우아하면서 고품격인 힐링 시간을 가지실 수 있을 것입니다.

이토록 다정한 클래식

초판 1쇄 발행	2025년 7월 10일
지은이	김수연
펴낸이	신민식
펴낸곳	가디언
출판등록	제2010-000113호
주소	서울시 마포구 토정로 222 한국출판콘텐츠센터 419호
전화	02-332-4103
팩스	02-332-4111
이메일	gadian@gadianbooks.com
CD	김혜수
마케팅	남유미
디자인	미래출판기획
종이	월드페이퍼(주)
인쇄 제본	㈜상지사P&B

ISBN   979-11-6778-161-1 (03670)